高职院校航空服务类专业规划教材

民航安全检查

主编◎刘存绪　唐健禾　辜英智
编著◎魏　庆　刘媛媛　黄怡川

四川大学出版社

项目策划：舒　星
责任编辑：舒　星
责任校对：刘一畅
封面设计：墨创文化
责任印制：王　炜

图书在版编目（CIP）数据

民航安全检查 / 魏庆，刘媛媛，黄怡川编著．— 成都：四川大学出版社，2020.9（2024.2重印）
高职院校航空服务类专业规划教材 / 刘存绪，唐健禾，辜英智主编
ISBN 978-7-5690-3397-7

Ⅰ．①民… Ⅱ．①魏… ②刘… ③黄… Ⅲ．①民航运输－安全检查－高等职业教育－教材 Ⅳ．① F560.81

中国版本图书馆CIP数据核字（2020）第166545号

书　名	民航安全检查
主　编	刘存绪　唐健禾　辜英智
编　著	魏　庆　刘媛媛　黄怡川
出　版	四川大学出版社
地　址	成都市一环路南一段24号（610065）
发　行	四川大学出版社
书　号	ISBN 978-7-5690-3397-7
印前制作	四川胜翔数码印务设计有限公司
印　刷	四川省平轩印务有限公司
成品尺寸	185mm×260mm
印　张	9.25
字　数	150千字
版　次	2021年1月第1版
印　次	2024年2月第3次印刷
定　价	35.00元

◆ 版权所有 ◆ 侵权必究 ◆

◆ 读者邮购本书，请与本社发行科联系。
　电话：(028)85408408/(028)85401670/
　(028)86408023　邮政编码：610065
◆ 本社图书如有印装质量问题，请寄回出版社调换。
◆ 网址：http://press.scu.edu.cn

四川大学出版社
微信公众号

"高职院校航空服务类专业规划教材"编委会

主　编：刘存绪　唐健禾　辜英智

编　委（以姓氏汉语拼音音序排列）：

陈　刚　陈蕾吉　陈璇竹　辜英智　顾建庄
黄冬英　黄怡川　李桂萍　李雯婧　刘存绪
刘　华　刘媛媛　卢　坤　全　瑜　唐健禾
王　刚　王俊雷　王志鸿　王楞兰　魏　庆
吴　易

前　言

为落实《国家中长期教育改革和发展规划纲要（2010—2020 年）》《国家职业教育改革实施方案》确定的"立德树人"的根本任务，遵循《中国教育现代化 2035》提出的"以德为先""全面发展""面向人人""终身学习""因材施教""知行合一""融合发展""共享共建"的理念，依据教育部《高等职业学校专业教学标准》及相关行业标准，培养具有较高的专业应用水平和良好的综合素质，熟练掌握民航服务基本技能，适应民航业发展需要的复合型、技能型、应用型高级航空服务专业人才，学院组织专家、学者编写了这套适应"十四五"期间教学需求的高职院校航空服务专业规划教材。

四川东星航空教育集团自 2006 年创建以来，始终致力于为中国民航培养高素质的航空服务类专门人才。集团旗下的天府新区航空旅游职业学院汇集了一大批热爱民航教育事业的专、兼职教师，聘请了一大批行业专家担任顾问，指导办学。2017 年学院组织编写的"十三五"规划民航特色专业统编教材（共 16 种）由四川大学出版社出版发行后，受到广大师生和同类院校、行业专家的一致好评。

新时期我国民航业的飞速发展，必然会对从业人员提出新的要求。作为培养航空服务专业人才的高等职业院校，我们充分认识到原有的教材体系和内容已经不能满足现实发展的需要。2019 年，天府新区航空旅游职业学院成立了"高职院校航空服务类专业规划教材"编委会，启动了对"十三五"规划民航特色专业统编教材的全面修订工作。经过一年多的努力，这套面向"十四五"的高职院校航空服务类专业规划教材即将付梓。本系列教材包括《民航概论》《民用航空法律法规基础》《民航服务心理学》《民航安全检查》《客舱服务英语》等15种。参与编撰的人员有陈刚、陈蕾吉、陈璇竹、辜英智、顾建庄、黄冬英、黄怡川、李桂萍、李雯婧、刘存绪、刘华、刘媛媛、卢坤、全瑜、唐健禾、王刚、王俊雷、王志鸿、王椤兰、魏庆、吴易等。辜英智、刘存绪、唐健禾对全套书进行了审读、统稿并定稿。

在本系列教材的编写过程中,四川大学出版社的编辑提出了许多宝贵的修改意见,民航业界的学者与专家做了权威的指导,相关学者的文章和专著提供了有价值的参考资料和信息,在此一并致以诚挚的谢意。相对于我国高速发展的民航服务业,本系列教材还难以概其全貌,加之编者水平有限,疏漏之处在所难免,恳请读者批评指正。

"高职院校航空服务类专业规划教材"编委会
2020年9月

目 录

实训模块一　安检通道岗位职责 …………………………………………… (001)

项目一　岗位执勤规范 ………………………………………………… (003)

　　任务一　验证岗位 ……………………………………………… (003)

　　任务二　前传岗位 ……………………………………………… (004)

　　任务三　人身检查岗位 ………………………………………… (007)

　　任务四　X射线检查仪操作岗位 ……………………………… (009)

　　任务五　开箱包检查岗位 ……………………………………… (011)

项目二　民用航空器监护的职责和范围 ……………………………… (012)

　　任务一　民用航空器监护的职责 ……………………………… (012)

　　任务二　民用航空器监护的时间和范围规定 ………………… (013)

　　任务三　民用航空器监护的程序方法 ………………………… (014)

　　任务四　民用航空器监护的重点航班和重点部位 …………… (015)

　　任务五　民用航空器清舱的程序和清舱的重点部位 ………… (015)

　　任务六　民用航空器的保安搜查 ……………………………… (015)

项目三　候机隔离区的安全监控 ……………………………………… (016)

　　任务一　候机隔离区安全监控的任务 ………………………… (016)

　　任务二　候机隔离区安全监控的程序 ………………………… (016)

　　任务三　候机隔离区出入口的管控 …………………………… (016)

　　任务四　候机隔离区清场 ……………………………………… (017)

　　任务五　候机隔离区清场的重点部位和注意事项 …………… (017)

实训模块二　证件检查 …………………………………………………… (019)
　　项目一　第二代居民身份证的识别 ……………………………………… (020)
　　　　任务一　第二代居民身份证的式样 ………………………………… (020)
　　　　任务二　第二代身份证的登记内容 ………………………………… (021)
　　　　任务三　有关使用和查验第二代身份证的规定 …………………… (021)
　　　　任务四　第二代居民身份证的一般识别方法 ……………………… (022)
　　　　任务五　第二代居民身份证的防伪措施 …………………………… (022)
　　　　任务六　临时身份证的身份证明要素 ……………………………… (023)
　　项目二　机场控制区证件的识别 ………………………………………… (023)
　　　　任务一　全民航统一制作的证件 …………………………………… (023)
　　　　任务二　民航各机场制作的证件 …………………………………… (025)
　　　　任务三　其他人员通行证件 ………………………………………… (026)
　　项目三　其他乘机有效证件的识别 ……………………………………… (027)
　　　　任务一　护照的种类 ………………………………………………… (027)
　　　　任务二　部队证件的种类 …………………………………………… (029)
　　　　任务三　其他可以乘机的有效证件 ………………………………… (031)
　　项目四　检查有效乘机证件的程序及方法 ……………………………… (031)
　　　　任务一　证件检查的程序 …………………………………………… (031)
　　　　任务二　证件检查的方法 …………………………………………… (032)
　　　　任务三　机场控制区证件的检查方法 ……………………………… (032)
　　　　任务四　验证检查的注意事项 ……………………………………… (033)
　　项目五　证件检查的情况处置 …………………………………………… (034)
　　　　任务一　涂改证件的识别 …………………………………………… (034)
　　　　任务二　伪造、变造证件的识别 …………………………………… (034)
　　　　任务三　冒名顶替证件的识别 ……………………………………… (034)
　　　　任务四　证件检查的处置方法 ……………………………………… (035)
　　项目六　在控人员的查缉与控制 ………………………………………… (036)
　　　　任务一　发现查控对象时的处理方法 ……………………………… (036)

任务二　接控的程序和方法…………………………………………（036）

实训模块三　人身检查…………………………………………………（037）

　项目一　手持金属探测器和金属探测门的调试和使用……………（038）

　　任务一　金属探测门简介……………………………………………（038）

　　任务二　手持金属探测器简介………………………………………（041）

　　任务三　手持金属探测器的使用和保管……………………………（042）

　　任务四　手持金属探测器各部位使用说明（以PD140为例）

　　　　　　………………………………………………………………（043）

　项目二　人身检查的实施………………………………………………（044）

　　任务一　手工人身检查………………………………………………（044）

　　任务二　仪器人身检查………………………………………………（045）

实训模块四　开箱包检查………………………………………………（048）

　项目一　开箱包检查的实施……………………………………………（049）

　　任务一　开箱包检查的程序和方法…………………………………（049）

　　任务二　开箱包检查的操作步骤……………………………………（051）

　　任务三　开箱包检查的重点对象及注意事项………………………（052）

　　任务四　开箱包检查的情况处置……………………………………（053）

　项目二　常见物品的检查方法…………………………………………（053）

　项目三　暂存、移交的办理……………………………………………（060）

　　任务一　暂存的定义…………………………………………………（060）

　　任务二　暂存物品单据的使用和填写………………………………（060）

　　任务三　移交的定义…………………………………………………（060）

　　任务四　移交物品单据的使用和填写………………………………（061）

　　任务五　值班员兼信息统计员的职责………………………………（061）

实训模块五　X射线机操作和图像的识别……………………………（063）

　项目一　X射线机开关机程序及常见问题的处理……………………（063）

　　任务一　X射线机开关机规程………………………………………（063）

　　任务二　X射线机开机过程中常见问题解决方法…………………（063）

任务三　X射线机工作状态的检查项目 …………………… (065)
　　任务四　X射线开关机程序（以公安部一所CMEX-V6550B
　　　　　　机型为例）…………………………………………… (065)
　　任务五　各种功能键的含义和使用 ……………………………… (065)
　项目二　常见违禁品的图像特征 …………………………………… (067)
　　任务一　枪支弹药类的X射线图像特征 ……………………… (067)
　　任务二　军（警）用械具类的X射线图像特征 ………………… (071)
　　任务三　管制刀具的X射线图像特征 ………………………… (073)
　　任务四　爆炸物品类的X射线图像特征 ……………………… (075)
　　任务五　微型防暴枪的X射线图像特征 ……………………… (076)
　　任务六　利器、钝器的X射线图像特征 ……………………… (078)

实训模块六　危险品标签和操作标签 ………………………………… (083)
　项目一　危险品的认识和分类 ……………………………………… (083)
　　任务　危险品的定义和分类 ……………………………………… (083)
　项目二　操作标签的识别 …………………………………………… (089)

附录一　暂存单 …………………………………………………………… (093)
附录二　五级安检员技能鉴定口试题五级安检员考证知识点 ……… (094)
附录三　五级安检员技能鉴定口试题评分表 ………………………… (103)
附录四　《民用航空安全检查规则》（交通运输部令2016年第76号）
　　　　………………………………………………………………… (110)
附录五　《民用航空法》的相关知识 ………………………………… (124)
附录六　《民用航空安全保卫条例》的相关知识 …………………… (127)
附录七　民用航空危险品运输法律、法规的基本知识 ……………… (129)
附录八　禁止旅客随身携带或者托运的物品 ………………………… (131)
**附录九　禁止旅客随身携带但可作为行李托运的物品及乘客随身携带
　　　　液态物品和打火机的规定** ………………………………… (136)

实训模块一　安检通道岗位职责

导入案例：

1. 民航资源网2018年12月6日消息：为有效落实民航"提升服务品质"的改革要求，12月1日起，深圳机场在国内机场中率先实施"旅客差异化安检模式"。该模式利用大数据分析，通过安检候检区入口闸机实现旅客分类分流，进行差异化安检。安全信用较好的民航常旅客可分流至"快捷通道"接受安检，从而节省安检时间，提升乘机体验。

据了解，深圳机场"旅客差异化安检模式"依托大数据分析，通过机场国内安检候检区闸机对旅客进行乘机资格认证，实现对旅客的分类分流，并可告知旅客其托运行李是否需要开箱检查。目前，在深圳机场国内候检区共设置有两道闸机，第一道闸机位于国内候检区入口，共5组19台；第二道闸机设置在"快捷通道"前端，共1组4台。"乘机旅客持身份证或护照在第一道闸机读取证件信息后，如果信息经核实无误，即可通行，这样可以有效防止无票证人员进入候检区。"据深圳机场安检相关负责人介绍，对安全信用较好的常旅客，入口闸机验证后会指引其经由第二道闸机进入"快捷通道"，节约旅客安检等候和接受检查的时间，进一步提高安检效率，提升旅客体验。

近年来，随着航空运输的高速发展，民航安检工作也向着"高安全+高效率"的方向转变。今年3月，民航局公安局正式将深圳机场确定为"旅客差异化安检模式"试点机场。经过一系列前期准备，今年5月起，深圳机场"旅客差异化安检模式"开始试行。统计数据显示，试行期间共有近10万旅客体验了高效便捷的"快捷通道"，"分类安检模式"及人像识别自助准入等新模式得到了业内专家和旅客的好评。深圳机场安检还将进一步优化该模式流程，持续提升旅客服务品质。

除了此次新推出的"差异化安检模式"，深圳机场近两年来持续加强新技术在安全、服务等领域的应用，通过物联网、大数据、智能视频监控、宽带集群等手段，先后上线了安检人脸识别、电子凭证过安检、旅客差异化安检等新项目，在不断提升安全系数、过检效率和防范精度的同时，也持续优化旅客乘机体验。

2. 2015年7月25日，扬州泰州机场发生一起意外，一名安检员在整理乘客上缴的物品时被炸伤。下面是当时某媒体的报道：

2015年7月25日下午，位于扬州市江都区的扬州泰州机场发生意外，一名安检员被炸伤。机场一条安检通道乱成一团，多名乘客和安检员围在安检口附近。

一名穿着黑衣的女安检员被另外两名安检员扶着往机场出口行走，她一只手高举，另一只手被同事小心地扶着。据现场目击者介绍，事发前，机场广播正在提醒飞往桂林的旅客前往登机口登机，随后就听到一声巨响，之后便看到受伤女安检员被人扶了出来。

机场派出所一民警向记者证实，当天下午，一名女安检员在整理乘客上缴的物品时遭遇爆炸。手指被炸伤，左手大拇指、食指和中指受伤严重，已被紧急送往医院救治。经初步调查，爆炸物是江都一旅客23日乘机时上缴机场的打火机，该旅客身份已锁定。

扬州泰州机场董事长王东升称，经查明，爆炸物是安检员于事发前截留的打火机，被放置在打火机集中处理筐中。打火机外形像手雷，引起安检员好奇，于事发当日再次拿出查看，不料发生了爆炸。

思考：
安检通道中安检员的操作规范是什么？

本模块要点：
1. 安检通道岗位职责的规范性和重要性。
2. 不同执勤岗位的工作职责。

项目一 岗位执勤规范

作为民航安检人员,执勤时应当坚守岗位,严格履行岗位职责,规范业务流程及岗位操作规程。

任务一 验证岗位

(一)验证检查岗位职责

1. 负责对乘机旅客的有效身份证件、登机牌等乘机凭证进行核查,对涂改、伪造以及其他无效证件进行识别,以及对冒名顶替的情况进行甄别。

2. 开展调查研究工作。

3. 协助执法部门查控在控人员。

(二)验证岗位注意事项

1. 注意职业形象,精力集中,保持执勤姿态,仪态端庄,举止得体,不得从事与验证工作无关的事情。

2. 严格控制验放速度,保持安检通道的畅通。

3. 验证时,检查员应双手接还旅客交验的身份证件和登机牌等,核对无误加盖验讫章。

4. 坚持执行"一米黄线"制度,礼貌待客,旅客来到验证台前,须向旅客问好,若旅客主动问候,应当礼貌回应。

5. 对旅客的询问应耐心解答,对旅客提出的意见和建议应虚心接受,并及时反馈,对超出权限的问题应及时请示报告。

6. 勤务结束,回收验讫章,加注油墨备用,并清洁整理工作台面。

(三)验证岗位规范用语

1. 您好,请出示您的有效身份证件、登机牌。

2. 对不起,您的证件与要求不符,我得请示,请稍等。

3. 谢谢,请拿好您的证件,请往里走。

◎ 验证岗位

任务二　前传岗位

（一）前传岗位职责

1. 维持待检区的秩序并提醒旅客准备好过检时要用的身份证件和登机牌等。

2. 引导旅客有秩序地通过安全门。

3. 复查登机牌上是否加盖验讫章。

4. 将衣物筐放于安全门一侧的工作台上并站立在安全门一侧，面对旅客进入通道的方向，保持待检状态。

5. 当有旅客进入检查通道时，提示并协助旅客将随身行李有序地放置于X射线检查仪的传送带上，同时请旅客将随身物品及随身行李中的手提电脑、照相机等电子设备取出放入衣物筐内。若旅客穿着较厚重的外套，请其将外套脱下，一并放入衣物筐内过机检查。

6. 要随时观察手工人身检查区人身检查员的工作情况（当人身检查员正在对旅客进行检查时，应请待检旅客在安全门一侧等待），待人身检查员检查完毕，再引导待检旅客有序通过安全门接受人身检查。应合理控制过检速度，保证人身检查通道的畅通。

8. 对于易碎、贵重物品或其他特殊物品，应及时提醒X射线检查仪操作员小心检查。

9. 对不宜经过 X 射线检查仪检查的物品，应从安全门一侧交给人身检查员，并通知开箱包检查员检查。

10. 对怀孕的、带有心脏起搏器的、坐轮椅的残疾或重病等不宜通过金属探测门检查的旅客，引导员应提醒人身检查员进行手工人身检查。

(二) 前传岗位注意事项

1. 自觉使用文明用语引导旅客接受安全检查。

2. 请旅客取出身上的小件物品，并通过 X 射线检查仪检查。

3. 控制好旅客过检速度，严格复核登机牌是否盖章，确保旅客逐一通过安全门接受人身检查。

4. 提醒旅客如数取回物品，如发现旅客遗留物品应及时移交，避免发生物品错拿、丢失等差错。

5. 及时回收托盘，不得有砸、摔、扔等野蛮行为，及时清理杂物，保持现场卫生。

(三) 前传岗位规范用语

1. 请各位旅客按次序排好队，准备好身份证件、登机牌，准备接受安全检查。

2. 请把您的行李依次放在传送带上。

3. 请将您身上的香烟、钥匙及其他金属物品放入盘内，请往里走（配以手势）。

4. 请稍等（请进）。

◎ 前传岗位：协助旅客将行李放置于 X 射线检查仪的传送带上

◎ 前传岗位：请旅客将随身物品放入衣物筐内

◎ 前传岗位：引导旅客通过金融探测门

任务三　人身检查岗位

（一）人身检查岗位职责

1. 检查旅客自行放入盘中的物品。

2. 对旅客人身进行仪器或手工检查。

3. 准确识别并根据相关规定正确处理违禁物品。

（二）人身检查岗位注意事项

1. 上岗前，检测安全门和手持金属探测器，确保设备正常工作。

2. 对通过安全门报警的旅客，根据报警的部位进行重点手工复查，检查须细致、准确、到位，直至疑点排除。

3. 提高警惕，注意观察，对未报警的旅客保持一定比例进行抽查和复查，查控炸药、易燃易爆品、毒品等非金属违禁品和危险品。

4. 检查完毕，提醒旅客取回行李物品，不发生漏检和旅客物品被错拿、损坏、丢失等差错。

5. 手持金属探测器暂不使用时禁止放在工作台面上，备用探测器统一放置于工作人员通道 X 射线检查仪顶部。

6. 协助回收托盘，不得有砸、摔、扔等野蛮行为。

7. 勤务结束，检查设备是否关闭，将探测器回收充电备用。

（三）人身检查岗位规范用语

1. 先生（女士）对不起，安全门已经报警了，请接受人身检查。
2. 请解开衣扣，微抬双臂，请转身。
3. 请问这是什么东西？您能打开给我看看吗？
4. 检查完毕，谢谢合作。
5. 请收好您过检的物品。

◎ 人身检查岗

◎ 人身检查岗：对旅客人身进行仪器检查

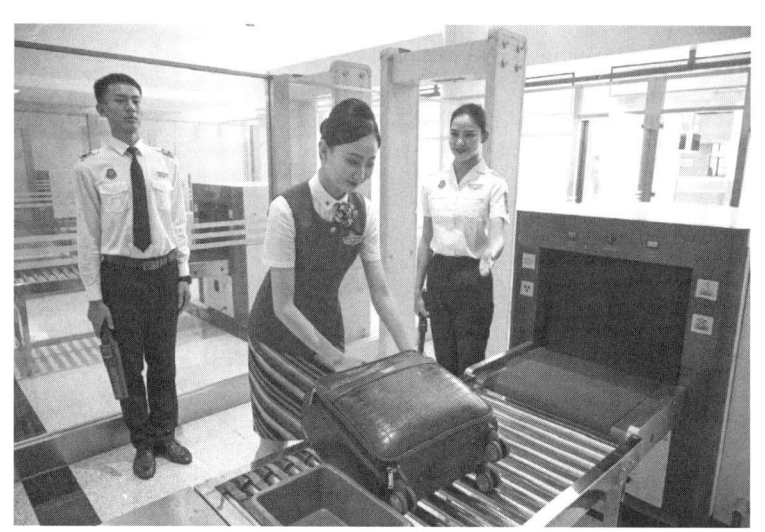

◎ 人身检查岗：提醒旅客取回行李

任务四　X射线检查仪操作岗位

（一）X射线检查仪操作岗位职责

1. 按操作流程正确使用X射线检查仪。
2. 观察监视器上受检行李（货物、邮件）图像中的物品形状、种类，识别违禁或可疑物品。

3. 将需要开箱包检查的行李（货物、邮件）及重点检查部位通知检查员。

（二）X 射线检查仪操作岗位注意事项

1. 领取钥匙，接通电源，打开设备，检查设备是否运行正常。

2. 注意执勤姿态，集中精力，认真分析图像，严密查控违禁品。

3. 发现图像模糊不清或因角度问题无法准确判断的，应立即指令开箱包检查员实施开箱包检查。

4. 加强对液态、粉末、块状物品的分析检查，注意查控汽油、酒精、炸药、化工品等易燃易爆物品。

5. 注意观察，合理控制行李通过速度，防止物品被挤压受损和堵塞通道。

6. 发现设备不正常的，要及时报告。

7. 勤务结束，关闭设备，切断电源，清洁操作台，钥匙放回原处。

◎ X 射线检查仪器操作岗

◎ X射线检查仪器操作岗：观察监视器上受检对象的影像

任务五　开箱包检查岗位

（一）开箱包检查岗位职责

1. 对旅客行李（货物、邮件）实施开箱包手工检查。
2. 准确辨认并按照有关政策正确处理违禁物品。
3. 开具暂存或移交违禁物品的单据。
4. 开过的箱包必须复查（重新过 X 光机进行检查）。

（二）开箱包检查岗位注意事项

1. 开箱包检查员根据 X 射线检查仪操作员的指令开展工作，注意观察，密切配合，对可疑包裹实施手工开箱包检查。

2. 开箱包检查时，必须有物主在场，在告知物主后方可打开行李包检查。

3. 查出的违禁品应控制在自己手中，严禁随意放置在工作台面上，已经检查过的行李物品须重新过机检查。

4. 违禁品应按规定进行分类处理，对于非依法移交公安机关查处的物品，应告知物主可以采取自弃、托运、退回等措施妥善处理。

5. 注意及时疏通行李和回收托盘，不得有砸、摔、扔等野蛮行为。对于无人领取的行李或物品，要及时移交处理。

6. 及时清洁工作台面，处理垃圾。

7. 勤务结束后，清点违禁品，核对统计后集中交存。

（三）开箱包检查岗位规范用语

1. 对不起，这个包需要检查，请您打开这个包。

2. 对不起，这是违禁物品，按规定不能带上飞机，请将"三证"给我，我帮你您办理手续。

3. 对不起，此物品您不能随身带上飞机，您可交送行人员带回或者办理托运手续。

4. 检查完毕，谢谢合作，祝您旅途愉快。

◎ 开箱包检查岗：当物主面进行开箱包检查

项目二　民用航空器监护的职责和范围

任务一　民用航空器监护的职责

1. 执行航班飞行任务的民用航空器在停机坪短暂停留期间，由安检部门负责监护。

2. 民用航空器监护人员应当根据航班动态，按时进入监护岗位，做好民用航空器监护的准备工作。

3. 民用航空器监护人员应当坚守岗位，严格检查登机工作人员的通行证件，密切注视周围动态，防止无关人员和车辆进入监护区。

4. 空勤人员登机时，民用航空器监护人员应当查验其《中国民航空勤登机证》。加入机组执行任务的非空勤人员，应当持有《中国民航公务乘机通行证》和本人工作证（学员证）。对上述人员携带的物品，应当查验是否经过安全技术检查；未经过安全技术检查的，不得带上民用航空器。

5. 旅客登机时，监护人员站在登机门或登机通道旁，维持登机旅客的秩序；防止旅客在登机行进期间与外界人员接触或传递有碍航空安全的危险品；检查旅客登机牌是否加盖验讫章，防止送行、无证等人员随旅客行列进入客机坪、接近或登上飞机。

6. 在出港、过港民用航空器关闭舱门准备滑行时，监护人员应当退至安全线以外，记载飞机号和起飞时间后，方可撤离现场。

7. 民用航空器监护人员接受和移交航空器监护任务时，应当与机务人员办理交接手续，填写记录，双方签字。

任务二　民用航空器监护的时间和范围规定

1. 对出港航空器的监护，应从机务人员移交监护人员时开始，至旅客登机后航空器滑行时止；对过港航空器的监护，应从其到达客机坪时开始，至旅客登机后航空器滑行时止；对执行国际、地区及特殊管理的国内航线飞行任务的进港航空器的监护，应从其到达客机坪时开始，至旅客下机完毕且机务人员开始工作时止。

2. 对当日首班出港航空器，监护人员应在起飞时间前90分钟与机务人员办理交接手续。

3. 对执行航班任务延误超过90分钟的航空器由安检部门移交机务人员管理，在确定起飞时间前60分钟由机务人员移交安检部门实施监护。

4. 以民用航空器为中心，周围30米区域为民用航空器监护范围。

5. 通过航空保安审计，且在道口设置安检设备实施检查的机场，经民航局公安局批准，可实施区域守护。

任务三　民用航空器监护的程序方法

（一）准备

1. 了解当天航班动态，通过离港系统向外场、调度等单位及时了解变化情况，注意班次的增减、飞机的更改和起飞时间的变动。

2. 排班员根据航班动态和本中队人员情况，对各个监护小组逐个安排勤务任务，明确指定航班和飞机。

3. 监护小组人员领取对讲机和登记本等用品，整理好着装，做好上岗准备工作。

（二）实施

监护小组在当天首次出港飞机起飞前90分钟进入监护位置（进港航班从航空器到达客机坪时开始执行）。

1. 到达监护位置后，对货舱和机舱等部位进行清查，确认无误后与机务人员办理交接手续，然后回到舷梯口或廊桥口开始监护。

2. 旅客登机前，对机组人员和地面登机人员的证件和携带行李进行检查（航行包除外）。

3. 对进出港飞机货舱进行监装、监卸和监管。

4. 旅客登机时，站立舷梯口或廊桥口一侧，观察旅客登机情况，禁止无关人员（包括地面工作人员）上飞机。

5. 旅客登机完毕，舷梯撤离后，退出原监护位置至安全线以外。

6. 飞机起飞时，记载飞机号和起飞时间，监护人员撤离。

7. 结束飞行任务的飞机返回后，监护人员待旅客全部下机，并与机务人员办理交接手续后，方可撤离。

（三）结束

1. 当次航班监护任务完成后，监护人员应及时返回中队所在地，汇报监护情况，稍做休整，准备下一次的监护工作。

2. 当天航班结束后，监护中队值班领导及内勤应清点所有装备，记录当天工作情况（重点情况随时记载），方可下班。

任务四　民用航空器监护的重点航班和重点部位

1. 我国领导人、外国领导人或代表团及其他重要客人乘坐的班机。
2. 发现有重大可疑情况的飞机。
3. 上级通知重点监护的飞机。
4. 舷梯口、廊桥口、货舱、起落架舱。

任务五　民用航空器清舱的程序和清舱的重点部位

（一）程序

1. 清查前，由监护小组组长布置任务，明确分工。
2. 清查时，应先对飞机外部进行观察和检查。对客舱的清查，可以分别从机头、机尾同时进行，至中部会合；也可以按从机头到机尾或从机尾到机头的顺序进行。对内部各部位的清查可按先低后高的顺序进行。
3. 清查结束，进入监护位置，直至飞机起飞。

（二）清舱的重点部位

1. 卫生间。
2. 乘务员操作间的每个储存柜、配餐间、垃圾箱。
3. 旅客座位坐垫下和每个客舱的最后一排座椅背后。
4. 行李架、货舱。
5. 起落架舱。

任务六　民用航空器的保安搜查

在发生以下情况时，民航公安机关和安检部门可以对航空器进行保安搜查。

1. 航空器停场期间被非法接触。
2. 有合理由怀疑该航空器在机场被放置了违禁品或爆炸装置。
3. 其他需要进行保安搜查的情形。

项目三 候机隔离区的安全监控

任务一 候机隔离区安全监控的任务

候机隔离区安全监控采取封闭式管理。安检部门应对候机隔离区内所有人员及物品实施安全管控,防止未经检查的人员与已经检查的人员相互混淆或接触,防止外界人员向内传递物品,防止藏匿不法分子和危险物品,以保证旅客、工作人员和整个候机隔离区内的绝对安全。

任务二 候机隔离区安全监控的程序

1. 在经过安全检查的旅客进入候机隔离区以前,安检部门应当对候机隔离区进行清场。

2. 清场完毕,按分工把守登机口、通道。

3. 安检部门应当派出人员在候机隔离区内巡视,并对候机隔离区的重点部位进行实时监控。

任务三 候机隔离区出入口的管控

1. 因工作需要进入控制区的人员必须佩戴民航公安机关制发的机场控制区通行证件,并接受安全技术检查。

2. 工作人员携带行李物品进入控制区必须经过安全技术检查,防止未经安全技术检查的行李物品进入候机隔离区。

3. 航站区控制区内的商店不得出售可能危害航空安全的商品,商店运进的商品应当经过安全技术检查。

4. 经过安全技术检查的旅客应当在候机厅隔离区内等待登机。如果其因航班延误或其他特殊原因离开控制区,再次进入控制区时,应当重新接受安全技术检查。

5. 安检人员在对工作人员携带进入候机隔离区的工具、物料和器材实施安全技术检查并进行核对后,才能让其进入。工具、物料和器材的使用单位应当明确专人负责此类物品在机场控制区内的监管工作。

任务四　候机隔离区清场

(一)候机隔离区清场的任务

查找候机隔离区内有无可疑物品和可疑人员,并确定可疑物品的性质和威胁程度,及时通知有关部门排除其危险性,以保证安全。

(二)候机隔离区清场的方法

1. 仪器清查。

(1)金属探测器清查。金属探测器主要是用来清查监护区域内有无隐藏武器等金属类违禁物品。

(2)钟控定时装置探测器清查。钟控定时装置探测器主要是用来清查监护区内有无隐藏定时爆炸装置。

(3)监控设备清查。通过遥控监护区内的监控探头,搜索可疑人员和可疑物品是否滞留在监护区内。

2. 人工清查。

(1)看,即对被清查的区域、对象进行观察。

(2)听,即进入清查区域后,关上门窗,静听有无类似闹钟的"嘀嗒"声或其他异响。

(3)摸,即对通过外观辨识不清的固定物体、设施,采用手摸的形式检查有无隐藏物品。

(4)探,即对既无法透视又不能用仪器检查的部位和物品,可用探针检查。

(5)开,即对清查区域内的箱柜和设施要打开或移开检查,如候机室内的各种柜台等要移开检查。

任务五　候机隔离区清场的重点部位和注意事项

1. 重点部位。

卫生间、电话间、吸烟区、各种柜台、垃圾桶、窗台、窗帘、窗帘盒、座椅等。

2. 注意事项。

（1）注意发现形迹可疑并频繁进出候机隔离区的人员。

（2）在旅客候机期间，应加强对控制区重点部位的监控。

（3）当天航班结束后，要对控制区的重点部位进行清场，注意发现有无滞留旅客和可疑人员及物品。

思考题：

1. 机场的定义是什么？
2. 简述机场控制区的划分。
3. 简述民用航空器清舱的程序。
4. 如何进行候机隔离区的清场工作？

实训模块二　证件检查

导入案例：

2019年11月5日下午3时许，在北京首都国际机场一号航站楼，安检员发现一名男性旅客疑似冒用他人身份证，随后报警，首都机场民警到场后将该旅客传唤至派出所进行询问。

通过调查了解，该旅客李某为人民法院限制高消费人群，因着急回深圳照顾女儿，便用自己一年前在北京某小区捡到的一张男性身份证办理乘机手续，企图蒙混过关。李某对自己的违法行为供认不讳，并表示十分后悔，愿意接受处罚。

根据《中华人民共和国居民身份证法》的相关规定，李某被机场警方处以行政拘留5日的处罚。

思考：

1. 如何辨别身份证件的真假？
2. 发现有旅客冒用他人证件时安检员怎么处理？

本模块要点：

1. 二代居民身份证真伪的识别。
2. 有关使用和查验第二代身份证的规定。
3. 有关临时身份证的基础知识。
4. 其他有效乘机证件的识别。

项目一　第二代居民身份证的识别

任务一　第二代居民身份证的式样

第二代居民身份证采用专用非接触式集成电路（芯片）制成，规格为85.6 mm×54 mm×0.9 mm（长×宽×厚）。正面以"万里长城"为背景图案，代表中华人民共和国长治久安；以远山为背景，增强长城图案的纵深感。国徽庄严醒目，配以"中华人民共和国居民身份证"字样，明确表达了主题。

证件采用彩虹扭索花纹为底纹，从左到右，颜色呈浅蓝色至浅粉红色再至浅蓝色，颜色衔接处相互融合且过渡自然；"国徽"图案在证件正面左上方突出位置，颜色为红色；证件名称分两行排列于"国徽"图案右侧；以点画线构成的浅蓝灰色写意"长城"图案位于国徽和证件名称下方，证件版面中心偏右位置；签发机关和有效期限两个项目位于证件下方。

◎ 中华人民共和国居民身份证正面

证件背面印有与正面相同的彩虹扭索花纹，持证人姓名、性别、民族、出生日期、常住户口所在地住址、居民身份证号码和相片等七个项目的信息，定向光变色的"长城"图案（位于性别项目的位置），光变存储的"中国CHINA"字符（位于相片与居民身份证号码项目之间）。

证件上可同时使用汉字与少数民族文字。根据少数民族文字书写特点，采用少数民族文字的证件有两种排版格式：一种是同时使用汉字和蒙文，蒙文在前，汉字在后；另一种是同时使用汉字和其他少数民族文字（如藏、壮、维吾尔、朝鲜文等），其他少数民族文字在上，汉字在下。

任务二　第二代居民身份证的登记内容

第二代居民身份证具备视读与机读两种功能。视读、机读的内容共有九项：姓名、性别、民族、出生日期、常住户口所在地住址、居民身份证号码、本人相片、证件的有效期限和签发机关。

任务三　有关使用和查验第二代居民身份证的规定

1. 公民从事有关活动，需要证明身份的，有权使用居民身份证证明身份，有关单位及其工作人员不得拒绝。

有下列情形之一的，公民应当出示居民身份证证明身份：

(1) 常住户口登记项目变更；

(2) 兵役登记；

(3) 婚姻登记、收养登记；

(4) 申请办理出境手续；

(5) 法律、行政法规规定需要用居民身份证证明身份的其他情形。

依照《中华人民共和国居民身份证法》规定未取得居民身份证的公民，从事以上规定的有关活动，可以使用符合国家规定的其他证明方式证明身份。

2. 人民警察依法执行公务，遇有下列情形之一的，经出示执法证件，可以查验居民身份证：

(1) 对有违法犯罪嫌疑的人员，需要查明身份的；

(2) 依法实施现场管制时，需要查明现场有关人员身份的；

(3) 发生严重危害社会治安突发事件时，需要查明现场有关人员身份的；

(4) 在火车站、长途汽车站、港口、在码头、机场或者在重大活动期间设区的高级人民政府规定的场所，需要查明有关人员身份的；

(5) 法律规定需要查明身份的其他情形。

对上述所列情形之一，拒绝人民警察查验居民身份证的，依照有关法律规定，分别不同情形，采取措施予以处理。

任何组织或者个人不得扣押居民身份证。但是，公安机关依照《中华人民共和国刑事诉讼法》执行监视居住强制措施的情形除外。

任务四　第二代居民身份证的一般识别方法

针对第二代居民身份证采用的直观和数字防伪措施，有关部门或个人在对居民身份证进行查验或核查时，可以采用以下七种方法：

1. 核对相片。判断持证人是否为本人。

2. 查看彩虹印刷。居民身份证底纹采用彩虹、精细、微缩的印刷方式制作，颜色衔接处相互融合且过渡自然，颜色变化部分没有接口。

3. 查看底纹中微缩文字字符串。可使用放大镜放大70倍以上观察。

4. 使用紫外线灯光观察荧光印刷的图案。

5. 查看定向光变色的"长城"图案。在自然光条件下垂直观察证件，并不能看到该图案，只有当视线和法线（垂直于图案平面的直线）成较大夹角时才能看到。在正常位置观察，图案反射光颜色为橘红色；当图案绕法线方向顺时针或逆时针旋转30°～50°时，图案反射光颜色为绿色；当旋转70°～90°时，图案反射光颜色为紫色。

6. 查看光变存储"中国CHINA"字符。自然光条件下，可观察到"中国CHINA"字样，字符串周围有渐变花纹，外沿呈椭圆形。

7. 通过专用阅读机具读取存储在证件芯片内的信息并进行解密运算处理，自动判别其真伪。若读取的信息是合法写入的，专用阅读机具会直接显示（或送出）该信息；若读取的信息是非法写入或被窜改过的，专用阅读机具则会发出"信息有误"的提示。

任务五　第二代居民身份证的防伪措施

（一）直观防伪措施

1. 扭索花纹采用彩虹印刷。

2. 在底纹中隐含有微缩字符，微缩字符由"居民身份证"汉语拼音字头"JMSFZ"组成。

3. 正面写意图案采用荧光印刷。

4. 背面图案使用定向光变色膜。

5. 背面字符使用光变存储膜。

（二）数字防伪措施

证件机读信息进行加密运算后存储在证件专用集成电路（芯片）内。

任务六　临时身份证的身份证明要素

二代临时身份证为单页卡式，规格、登记项目均与第二代居民身份证相同。临时身份证的有效期限为3个月。在申领居民身份证期间或居民身份证因丢失、损坏未补领到证件的公民，可以申请临时身份证。

二代临时身份证的正面印有褐色的长城烽火台、群山和网纹图案；背面印有黄色的网状图案，右下角粘贴印有天安门广场图案的全息胶片标志。全息胶片标志规格约为12 mm×9 mm，由拱形环绕的天安门广场、五星和射线组成，图案呈多种光谱色彩。临时身份证应贴有本人近期相片，写明姓名、性别、年龄、住址、有效期限，并在相片下方加盖骑缝章。

项目二　机场控制区证件的识别

任务一　全民航统一制作的证件

（一）空勤登机证

空勤登机证适用于全国各民用机场控制区（含军民合用机场的民用部分）。

空勤人员执行飞行任务时，须着空勤制服（因工作需要穿着其他服装的除外），佩戴空勤登机证，经过安全检查进入候机隔离区或登机。因临时租用飞机或人员借调等原因，空勤人员须登上与其登机证适用范围不同的其他航空公司飞机时，机长应主动告知飞机监护员。

(二)公务乘机通行证

公务乘机通行证的全称为中国民航公务乘机通行证,1998年3月1日启用,由民航总局公安局统一制作,由民航总局公安局、地区管理局公安局、飞行学院公安局以及航空公司保卫部门负责签发。执行飞行、安全监察、安全保卫、身体检测、航线实习等任务的人员可办理公务乘机通行证。公务乘机通行证上有姓名、性别、单位、前往地点、有效期、签发人、签发日期等项目,填写须用蓝黑、碳素墨水,不得涂改,在"骑缝章"和"单位印章"处加盖签发机关印章。公务乘机通行证的"有效期"最长不得超过3个月,"前往地"栏最多只能填写4个(民航总局公安局除外)。

公务乘机通行证只限在证件"前往地"栏内填写的机场适用。持证人应经安全检查进入机场控制区;随机执行公务的,应办理加入机组手续。持证人经过安检时,应将公务乘机通行证与工作证同时交验。

(三)航空安全员执照

航空安全员执照由民航总局公安局统一制发,只适用于专职航空安全员,适用范围与空勤登机证相同。

◎ 中国民用航空安全员执照

（四）特别工作证

特别工作证全称为中国民用航空总局特别工作证，由民航总局公安局制发和管理。特别工作证持有者可免检进入全国各民用机场控制区、隔离区或登机（不代替机票乘机）检查工作。进入上述区域时，持该证者要主动出示证件。

任务二　民航各机场制作的证件

这类证件是根据管理的需要，由所在机场制发的有不同用途和使用范围的证件。从时限上划分，可分为长期、临时和一次性证件；从使用范围上划分，可分为通用、客机坪、候机楼隔离区、国际联检区等区域性证件；从使用人员上划分，可分为民航工作人员、联检单位工作人员和外部人员等各类人员的证件。

这些证件在外观颜色上、规格上可能各有不同，但不论怎样划分，其内容要素则不会有大的区别。

（一）民航工作人员通行证

这是发给民航内部工作人员因工作需要进出某些控制区域的通行凭证，由所在机场统一制发和管理。虽然证件外观式样和颜色不尽相同，但都必须具备以下项目：机场名称（某某机场字样）、持证人照片、单位、职务、姓名、有效期限、签发机关（盖章）、允许通行（到达）的区域等，并应在证件背面有说明。

允许通行和到达的区域一般分为候机隔离区（有的分国际和国内两部分）、客机坪、联检厅、登机等。

（二）联检单位人员通行证

此证适用于对外开放的有国际航班的机场，主要发给在机场工作的联检单位的有关工作人员。这些单位一般是海关、公安边防、卫生检疫、动植物检疫、口岸办、出入境管理部门等。

此证由所在机场制发和管理，其使用范围一般只限于与其持证人工作相关的区域。虽然证件的外观式样与项目内容各机场不尽相同，但其内容要素与前面所讲的民航工作人员通行证相同。

（三）外部人员通行证

外部人员通行证的使用人员为因工作需要而准许进入机场有关区域的民航以外的有关单位的工作人员。这类证件又分为"专用"和"临时"两种，二者的区别在于：专用证有持证人的照片，而临时证则无持证人的照片；专用证的登记项目内容与前面所说的证件相同，而临时证则没有那么多内容，但必须有允许到达的区域标记。此证一般与本人身份证同时使用。持外部人员通行证者，必须经安全检查后方可进入隔离区、客机坪。

（四）专机工作证

专机工作证由民航公安机关制发。专机工作证一般为一次性有效证件，发给与本次专机任务有关的领导、警卫、服务等有关工作人员。凭专机工作证，有关工作人员可免检进入与本次专机任务相关的工作区域。

专机工作证的式样、颜色不一，但应具备以下基本内容和要素："专机工作证"字样、专机任务的代号、证件编号、颁发单位印章、有效日期等。专机工作证的颜色应明显区别于本机场其他通行证件的颜色，以便于警卫人员识别。

（五）包机工作证

包机工作证由民航公安机关制发和管理。包机工作证发给与航空公司包机业务有关的人员，持证人凭证可进入与包机工作相关的区域。证件内容根据使用时间长短而定，短期的应贴有持证人照片，一次性的可免贴照片。

任务三　其他人员通行证件

（一）押运证

押运证有多种式样，主要适用于有押运任务的单位和负责押运任务的工作人员。

担负包机、押运机要文件和特殊货物任务的押运人员，在飞机到达站或中途站时，可凭押运证在客机坪监卸和看管所押运的货物。

（二）军事运输通行证

军事运输通行证以有军事运输任务的机场公安机关颁发的为准，使用人员为与军事运输工作相关的人员。使用人员可凭证件进入与军事运输相关的区域。此证应注明持证人单位、姓名和有效期限，并加盖签发单位的印章。

(三) 侦察证

侦察证全称为中华人民共和国国家安全部侦察证,由国家安全部统一制作、签发,全国通用。侦察证的式样:封面为红色,上部印有盾牌、五角星、短剑及"国家安全"字样组成的徽章图案,下部印有"中华人民共和国国家安全部侦察证"字样;封二印有持证人照片、姓名、性别、职务、单位、签发机关、国家安全部印章、编号;封三印有持证者依法可以行使的职权。国家安全机关的工作人员,因工作需要进出当地机场隔离区、客机坪时,凭侦察证通行;在外地执行任务时,凭省、自治区、直辖市国家安全机关出具的介绍信(国家安全部机关凭局级单位介绍信)和侦察证进入上述区域。

国家安全机关的工作人员持侦察证乘机执行任务时,机场安检部门按正常安检程序对其实施安全检查。

(四) 车辆通行证

凡进入机场控制区的车辆都必须持有专用的通行证件。各机场车辆通行证件的式样不尽相同,但一般应具备以下基本内容和要素:车辆的单位、车辆的牌号及车型、允许到达的区域、有效期限、签发单位等。

项目三 其他乘机有效证件的识别

任务一 护照的种类

中国护照,包括外交护照、公务护照、因公普通护照和因私普通护照。

◎ 中华人民共和国外交护照

◎ 中华人民共和国公务护照

◎ 中华人民共和国护照

◎ 中华人民共和国公务普通护照

外国护照,包括外交护照、公务护照和普通护照等。

任务二　部队证件的种类

（一）中国人民解放军军官证

中国人民解放军军官证的外观为红色人造革外套，封面上方正中有烫金五角星，在五角星下方有烫金"中国人民解放军军官证"字样，最下方有烫金"中华人民共和国中央军事委员会"字样。

中国人民解放军军官证的内芯内容分别为相片、编号、发证机关、发证时间、姓名、出生年月、性别、籍贯、民族、所在部队、职务、军衔等登记项目。

（二）中国人民武装警察部队警官证

中国人民武装警察部队警官证的外观为深蓝色人造革外套，封面上方正中有烫金警徽，在警徽下方有烫金"中国人民武装警察部队警官证"字样，最下方有烫金"中华人民共和国中央军事委员会"字样。

中国人民武装警察部队警官证的内芯内容除增加了"有效期"和改"军衔"为"衔级"外，其他内容和填写要求等都与中国人民解放军军官证相同。

（三）中国人民解放军士兵证

中国人民解放军士兵证的外观为油绿色人造革外套，封面上方正中印有烫金五角星，在五角星下方有烫金"中国人民解放军士兵证"字样，最下方有烫金"中华人民共和国中央军事委员会"字样。

中国人民解放军士兵证的内芯内容分别为姓名、性别、民族、籍贯、入伍年月、年龄、所在部队、职务、军衔、发证机关、发证日期以及证件编号（一律用阿拉伯数字填写），并贴持证人近期着军衔服装的一寸正面免冠照片，加盖团以上单位代号钢印。

（四）中国人民武装警察部队士兵证

中国人民武装警察部队士兵证的外观为红色人造革外套，封面上方正中有烫金警徽，在警徽下方有烫金"中国人民武装警察部队士兵证"字样，最下方有烫金"中华人民共和国中央军事委员会"字样。其内芯内容与中国人民解放军士兵证的相同。

（五）中国人民解放军文职干部证

中国人民解放军文职干部证的外观为红色人造革外套，封面上方正中有烫金五角星，在五角星下方有烫金"中国人民解放军文职干部证"字样，最下方有烫金"中华人民共和国中央军事委员会"字样。

中国人民解放军文职干部证的内芯内容分别为照片、编号、发证时间、姓名、出生年月、性别、籍贯、民族、所在部队、职务、备注等登记项目。

（六）离休荣誉证

离休荣誉证的外观为红色人造革外套，封面上方正中有烫金"中国人民解放军离休干部荣誉证"字样，下方印有烫金五角星，最下方有烫金"中华人民共和国中央军事委员会"字样。

离休荣誉证的内芯内容分别为照片、编号、发证日期、姓名、性别、民族、籍贯、出生年月、入伍（参加革命工作）时间、原所在部队职别、离休时军衔、专业技术等级、现职级待遇、批准离休单位、批准离休时间、安置单位等登记项目。

（七）军官退休证

军官退休证的外观为红色人造革外套，封面上方正中有烫金"中国人民解放军军官退休证"字样，下方有烫金五角星，最下方有烫金"中华人民共和国中央军事委员会"字样。

军官退休证的内芯内容分别为照片、编号、发证日期、姓名、性别、民族、出生年月、籍贯、参加工作时间、入伍时间、原所在部队职别、原军衔、专业技术等级、批准退休单位、批准退休时间、安置单位等登记项目。

（八）中国人民解放军职工工作证

中国人民解放军职工工作证的外观为红色人造革外套，封面上方正中有烫金五角星，下方有烫金"中国人民解放军职工工作证"字样。

中国人民解放军职工工作证的内芯内容分别为照片、编号、发证机关、发证时间、姓名、籍贯、性别、出生年月、民族、工作单位、职务、身份证号等登记项目。

（九）学员证

学员证由各大专院校制发。虽然其外表规格式样不尽相同，但其证件内容应具备的要素均为照片、发证机关、编号、发证时间、学年、姓名、性别、民族、籍贯、出生年月、专业等登记项目。除此之外，还分别有各学年和各学期的登记，以及假期火车优待区间的登记。证件最后一页为备注栏。

任务三　其他可以乘机的有效证件

1. 本届全国人大代表证、全国政协委员证。

2. 出席全国或省（自治区、直辖市）的党代会、人代会、政协会，以及工、青、妇代表会和劳模会的代表，凭所属县、团级以上（含县、团级）党政军主管部门出具的临时身份证明。

3. 旅客的居民身份证在户籍所在地以外被盗或丢失的，凭发案、报失地公安机关出具的临时身份证明。

4. 年龄已高的老人（按法定退休年龄掌握），凭接待单位、本人原工作单位或子女、配偶工作单位出具的临时身份证明，但必须是县、团级以上（含县、团级）单位出具的。

5. 16 岁以下未成年人凭户口簿或者户口所在地公安机关出具的身份证明。

项目四　检查有效乘机证件的程序及方法

安检人员应掌握查验有效乘机证件、客票、登机牌、机场控制区证件的程序及方法，了解有效乘机证件的种类及相关知识，了解机场控制区证件的种类、式样及使用范围。只有这样，安检人员才能出色地完成证件检查的工作任务。

任务一　证件检查的程序

1. 人、证对照。验证检查员接过证件时，要注意观察持证人的五官特征，并判断证件上的照片与持证人是否一致。

2. 核对"三证"。一是核对证件上的姓名与机票上的姓名是否一致；二是核对机票是否有效，有无涂改痕迹；三是核对登机牌所注航班是否与机票一致。

3. 查验无误后，按规定在登机牌上加盖验讫章放行。

任务二　证件检查的方法

查验证件时应采取检查、观察和询问相结合的方法，其具体是一看、二对、三问。

1. 看：就是对证件进行检查，要注意识别证件的真伪，认真查看证件的外观式样、规格、塑封、暗记、照片、印章、颜色、字体、印刷以及编号、有效期限等主要识别特征是否与规定相符，有无变造、伪造的可能。应注意查验证件是否过期失效。

2. 对：就是观察辨别持证人的性别、年龄、相貌特征是否与证件吻合，有无疑点。

3. 问：就是通过简单询问可疑的持证人姓名、年龄、出生日期、单位、住址等相关信息，对有疑点的证件进一步加以核验。

任务三　机场控制区证件的检查方法

查验控制区通行证件，以民用航空主管部门及各机场有关文件为准。

（一）证件代码

全国各机场使用的机场控制区证件代码有所不同，主要用以下几种方式表示不同的区域。

1. 用阿拉伯数字（1、2、3、4……）表示允许持证人通过（到达）的区域。

2. 用英文字母（A、B、C、D……）表示允许持证人通过（到达）的区域。

3. 用中文直接描述允许持证人通过（到达）的区域（如机场控制区、机场隔离区、停机坪等）。

（二）对工作人员证件的检查

1. 检查证件外观式样、规格、塑封、印刷、照片是否完好和正常，证件是否有效；检查持证人与证件上的照片是否一致；检查持证人证件的适用区域。

2. 检查完毕，将证件交还持证人，符合的放行，不符合的拒绝进入。

（三）对机组人员证件的查验

1. 对机组人员需查验空勤登机证，做到人证对应。

2. 对加入机组的人员应查验其《中国民航公务乘机通行证》（加入机组证明信）、有效身份证件或工作证件。

（四）对一次性证件的查验

当持证人进入控制区相关区域时，验证员应查验其所持一次性证件的通行区域范围和日期。其具体办法按各机场有关规定执行。

任务四　验证检查的注意事项

1. 检查中要注意查看证件上的有关项目是否有涂改痕迹。

2. 检查中要注意发现冒名顶替的情况，注意观察持证人的外貌特征是否与证件上的照片相符。一旦发现有可疑情况，应对持证人仔细查问。

3. 查验证件时要注意方法，做到自然大方、态度和蔼、语言得体，以免引起旅客反感。

4. 注意观察旅客穿戴有无异常，例如旅客的穿着有无伪装的嫌疑，如果旅客戴有墨镜、围巾、口罩、帽子等，应让其摘下，以便于准确查验。

5. 应注意维护工作秩序，集中精力，防止漏验证件或漏盖验讫章。

6. 验证中要注意发现通缉、查控对象。

7. 验证中发现疑点时，要慎重处理、及时报告。

8. 根据机场流量和工作标准以及验证、前传、引导、人身检查岗位的要求，适时验放旅客。

项目五 证件检查的情况处置

任务一 涂改证件的识别

检查中要注意查看证件上的姓名、性别、年龄、签发日期等项目是否有涂改的痕迹。涂改过的证件笔画粗糙、字迹不清,涂改处及周围的纸张因为经过处理可能变薄或留下污损的痕迹。只要仔细观察,涂改证件通常可以通过肉眼进行分辨。

任务二 伪造、变造证件的识别

检查中要注意甄别证件的真伪,认真检查证件的外观式样、规格、塑封、印刷和照片等主要识别特征是否与规定相符,有无变造、伪造的疑点。

真证规格统一,图案、暗记齐全清晰;假证规格不一,手感较差,图案模糊不清,暗记不清不全。

真证内芯纸质优质、字迹规范、文字与纸张一体;假证内芯纸质粗糙、笔画粗糙、字迹不清、排列不齐,文字凸现纸上。

真证印章边缘线宽窄一致,图案清晰,印章中字体大小一致、均匀规范,印油颜色深入纸张;而假证印章边线宽窄不一,图案模糊,印章中字体大小不一、粗细不一,印油颜色不均匀、发散。

揭换过照片的证件,重贴的照片边缘有明显粘贴痕迹,薄厚不均,因为揭撕原照片时很容易把照片底部表层纸撕去一部分,通过透光检查很容易看到。

在紫光灯下,真的居民身份证的印章显示红色荧光,而伪假证件可能无荧光反应。

任务三 冒名顶替证件的识别

检查中要注意查处冒名顶替的情况。要先看人,后看证,注意观察持证人的外貌特征是否与证件上的照片相符，主要观察其五官的轮廓、分布，如耳朵的轮廓和大小、眼睛的距离和大小形状、嘴唇的厚薄和形状，以及面部轮廓即颧骨和下颌骨的轮廓等。如发现有可疑情况，应对持证人仔细查问，弄清情况。

任务四　证件检查的处置方法

（一）证件检查情况处置程序

1. 发现旅客的证件存在问题时，安检人员首先要将旅客的证件或机票掌握在自己手中，并密切关注旅客。

2. 在密切关注旅客的同时，应联系值班领导。

3. 值班领导到达后，向值班领导报告证件检查情况，并将相关手续及旅客转交给值班领导进行处理。

（二）涂改、伪造、变造、冒名顶替证件的处理方法

1. 旅客持涂改、伪造、变造、冒名顶替证件乘机是违法行为，一旦发现，应立即报告值班领导，并做好登记，然后移交民航公安机关审查处理。

2. 如果是境外人员非法持有国内居民身份证件，应将其移交民航公安机关处理。

3. 如果上述旅客年事已高（按法定离退休年龄掌握），经民航公安机关查明其身份且无前科的情况下，在收缴其非法证件并依法处罚后，可视情况由安检部门对其实施严格的安全检查，准予乘机。

（三）过期证件的处理方法

1. 旅客所持居民身份证过期时间不到6个月的可以放行，超过6个月的不予放行。

2. 旅客所持临时居民身份证过期，15天以内经值班领导批准后可以放行，超过15天的不予放行。

（四）旅客因故不能出示居民身份证的处理方法

1. 旅客因故不能出示居民身份证，但持有其他有效乘机证件时，可以放行。

2. 旅客因故不能出示居民身份证，但又不具备上述其他允许的乘机证件，则交值班领导处理。

项目六　在控人员的查缉与控制

任务一　发现查控对象时的处理方法

检查中发现查控对象时，应根据不同的查控要求采取不同的处理方法。

发现通缉的犯罪嫌疑人时，要沉着冷静、不露声色，待其进入安检区后，按预定方案处置，同时报告值班领导，尽快与布控单位取得联系。将嫌疑人移交布控单位时，要做好登记，填写移交清单并双方签字。对同名同姓的旅客，在没有十分把握的情况下应交民航公安机关处理。

任务二　接控的程序和方法

1. 公安、安全部门要求查控时应通过民航公安机关，安检部门不直接接控。

2. 接控时，应查验《查控对象通知单》等有效文书。查控通知应具备以下内容和要素：布控手续齐全，查控对象的姓名及性别、所持证件编号、查控的期限和要求、联系单位、联系人及电话号码。

3. 接控后，要及时安排布控措施。

4. 如果遇特殊、紧急、重大的布控任务，而又来不及到民航公安机关办理手续的，安检部门在查验有效手续齐全的情况下可先行布控，但应要求布控单位补办民航公安机关相关手续。

5. 验证员应熟记在控人员名单和主要特征。

6. 对各类查控对象的查控时间应有明确规定，安检部门要定期对布控通知进行整理，对已超过时限的或已撤控的要进行清理。

实训模块三　人身检查

导入案例：

2019年1月3日是进入新年以来的第一个工作日，下午5点50左右，青岛某机场安检旅检一部阳光班组五分队的队员们正在有条不紊地执行着安全检查工作。一名神情慌张、眼神躲闪的年轻人引起了前引导员的注意。更为可疑的是，这位年轻人连嘴部状态都很怪异，工作人员和他交谈，他却始终一言不发，似乎嘴里含了东西。待此旅客通过安全门后，通道负责人对其进行了盘问，他还是一言不发，嘴角还露出了诡异的笑容。通道负责人要求该旅客张嘴检查，他最后竟然从嘴里吐出一个打火机。机场安检部门根据相关规定将该旅客移交机场公安机关处理。

经了解，此旅客一开始只是觉得好玩，想试试机场安检是否严格，顺便进隔离区抽根烟，于是将打火机含在口中，以图蒙混过关，没想到不仅瞒不过去，还耽误了行程。机场工作人员介绍，尽管民航局三令五申"禁火令"，但仍有一些旅客运用各式花招藏匿打火机、火柴，欲闯安检关。机场安检人员温馨提示：请广大旅客提前检查行李物品，不要携带打火机、火柴等违禁物品，更不能心存侥幸。携带违禁物品登机，不配合安检工作者，终将被移交公安机关处理。

思考：

安检人员如何查出旅客藏匿的违禁物品？

项目一　手持金属探测器和金属探测门的调试和使用

任务一　金属探测门简介

（一）金属探测门的工作原理

脉冲式金属探测门的工作原理是设备发生的一连串脉冲信号形成一个时变磁场，该磁场对探测区中的导体产生涡电流，涡电流产生的次极磁场在接受线圈中产生电压，并通过处理电路辨别是否报警。

◎　金属探测门

（二）金属探测门的性能特点

脉冲式金属探测门具有独特的性能，符合主要安全标准和客户安全标准。它通过感应寄生电流及均化磁场的数字信号处理方式而获得很高的分辨率，但发射磁场厚度很低，对带有心脏起搏器者、体弱者、孕妇、磁性媒质和其他电子装置无害。

（三）金属探测门的试运行

1. 当一种型号的金属探测门在机场首次安装时，或一台金属探测门被改变位置后，操作员都必须重新进行调试。

2. 金属探测门应调节至适当的灵敏度，但不能低于最低安全设置要求。

3. 安装金属探测门时应避开可能影响其灵敏度的干扰。

4. 测试时分别将测试器件放置在人体的右腋窝、右臀部、后腰中部、右踝内侧等部位，通过金属探测门进行测试。实施测试的人员在测试时不应携带其他金属物品。

◎ 金属探测门主机箱

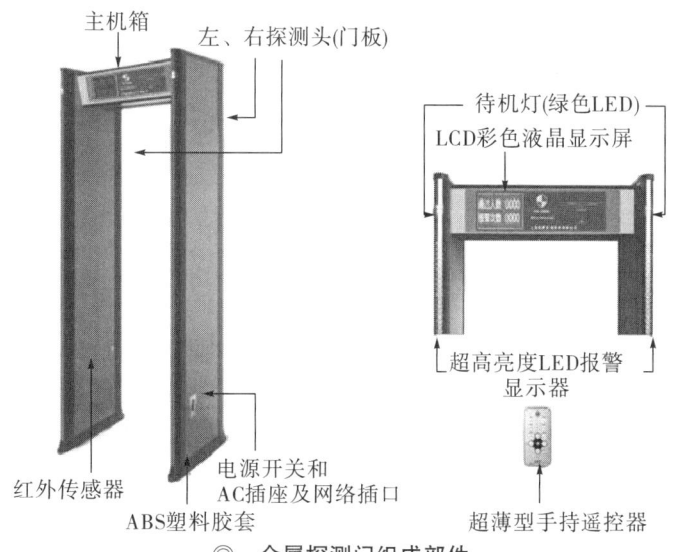

◎ 金属探测门组成部件

（四）金属探测门的例行测试

1. 金属探测门如果连续使用（从未关闭），应至少每天测试一次；在接通电源后和对旅客检查前，都要进行测试。

2. 如果金属探测门的灵敏度与以前的测试相比有所下降，就应调高其灵敏度。

3. 每周应进行一次测试，测试时把测试器件分别放在人体的右腋窝、右臀部、后腰中部、右踝内侧等 4 个部位，将测试结果加以比较。

◎ 金属探测门工作示意图

（五）金属探测门的视觉报警和声音报警功能

1. 视觉报警

金属探测门应该配备视觉报警显示装置，按通过的金属比例给出一个条形的视觉警报，无论环境光线如何，检查员都可以从 5 米外清晰地观察到旅客携带物品的情况。信号低于报警界限值时显示绿色，高于界限值时显示红色。

2. 声音报警

金属探测门应配有声音报警信号调节装置，调节声音报警的持续时间、音量和音调。在距离门体1米远、1.6米高的地方测量警报的强度，至少可以从80分贝调节到90分贝。

任务二　手持金属探测器简介

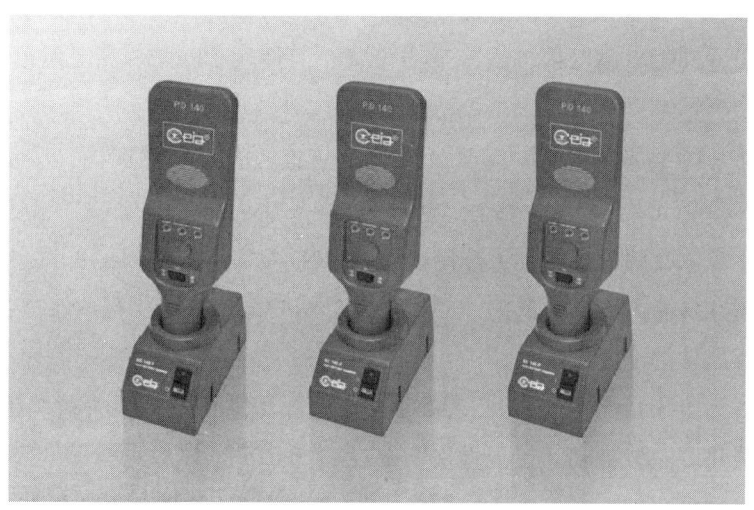

◎　手持金属探测器简介 PD140

手持金属探测器的工作原理：正常时手持金属探测器产生恒频率磁场，灵敏度调至频率哑点（中心频率）。当探测器接近金属物品时，磁场受干扰发生变化，频率漂移，灵敏度变化，发出报警信号；探测器离开金属物品，灵敏度恢复恒定频率，此时小喇叭无声响（哑点）。

（一）安装（以下以PD140为例）

PD140金属探测器器可由9V干电池或VartaTR7/8型镍氢充电电池及相应类似产品供电。拧下手柄末端的后盖，根据后盖上的极性指示插入电池，检查其安装正确与否。然后拧紧后盖，确保电池接触良好。

（二）开机

向左或右拨动开关即可开启金属探测器，向左为灯光报警，向右为灯光/声音同时报警。

金属探测器打开时报警指示灯将闪烁几秒，报警指示灯连续闪烁，此时应使探测面离开任何金属物品，直至上述灯熄灭。

电源指示灯以 1 秒间隔闪烁，表明电池已充电

电源指示灯快速闪烁时，表明需要更换电池或给电池充电。

（三）灵敏度调节及操作指导

PD140 金属探测器配备有灵敏度调节钮，有三档（低、中、高）可供选择。一般情况下，灵敏度应设为中档（MEDIUM），根据被测金属物体的尺寸和距离也可将灵敏度适当设置。若使用 PD140S 高灵敏度型号，调节钮为连续调节型，以确保精细校准。

PD140 金属探测器的探测区域位于装置的上部平面区内，测量面积 60mm×140mm。

用探测器感应区域靠近探测区进行扫描，固定截取金属物的信号，也就是说在探测区内的金属物体的报警信号始终保持激活状态，该特点有助于目标物体的准确定位。

如需隐藏音响报警，可使用特殊耳机，耳机孔位于报警蜂鸣器的对面；或将开关拨动到"仅视觉报"位置。

金属探测器超过 180 秒未被使用，设备将自动关机。再开机时，应先将开关拨到 OFF 位置，然后再拨到相应的操作位置。

（四）电池充电

将 PD140 金属探测器的手柄插入 BC140 充电器即可充电，充电时探测器必须关闭。

打开充电器开关，电源指示灯亮起即表示开始充电，充电所需时间一般为 16 小时。

BC140 充电器可与其他类似设备串联使用。

任务三　手持金属探测器的使用和保管

1. 手持金属探测器属小型电子仪器，使用时应轻拿轻放，以免损坏。
2. 手持金属探测器应由专人保管，注意防潮、防热。
3. 手持金属探测器应使用柔软的湿布进行清洁。

任务四　手持金属探测器各部位使用说明（以 PD140 为例）

1. 可视报警指示灯 1（Visual Alarm Indicator 1）
2. 可视报警指示灯 2（Visual Alarm Indicator 2）
3. 电源开关指示器（Power Indicator）
4. 敏感性调节按钮（Sensitivity Adjustment）
5. 打开/关闭开关（On/Off Switch）
6. 有声报警器（Audible Alarm）
7. 电池盒盖（Battery Compartment Cap）
8. 敏感探测区域（Sensitive Detection Area）
9. 无声报警器（Audible Alarm Ear-piece Socket）

◎　手持金属探测器功能键

项目二　人身检查的实施

任务一　手工人身检查

（一）手工人身检查的定义

手工人身检查是指安检人员按规定对旅客的身体采取摸、按压、轻轻拍打等方式，用手感觉出藏匿的物品，以发现危险品、违禁物品等的安全检查方法。

（二）手工人身检查的注意事项

1. 检查时，安检人员双手掌心要切实接触旅客身体和衣服，因为手掌心面积大且触觉较敏锐，能及时感知、发现藏匿的物品。

2. 不可只查上半身不查下半身，要特别注意检查重点部位。

3. 对于旅客从身上掏出的物品，应仔细检查，防止其夹带危险物品。

4. 检查过程中要不间断地观察旅客的表情，防止发生意外。

5. 手工人身检查一般应由与旅客同性别的安检人员实施。尤其对女性旅客，必须由女性安检人员实施检查。

（三）手工人身检查的程序

安检人员面对旅客，先从旅客的前衣领开始，至双肩、前胸、腰部止；再请旅客转身，从后衣领开始，至双臂外侧、内侧、腋下、背部、后腰部、裆部、双腿内侧、外侧和脚部止。冬季着装较多时，可请旅客解开外衣，对外衣进行认真检查。

（四）手工人身检查的方法

手工人身检查主要是顺着身体的自然形状，通过摸、按压、轻轻拍打等方式，用手感觉出藏匿的物品。按压是指在手不离开旅客的衣物或身体的情况下用适当的力度进行按压，以感觉出旅客身体或衣物内不相贴合、不自然的物品。对旅客取出物品的部位，应用手再进行复查，排除疑点后方可进行下一步检查。

任务二　仪器人身检查

（一）仪器人身检查的定义

仪器人身检查是指安检人员按规定程序采用仪器（手持金属探测器、金属探测门）对旅客身体进行的安全检查方法。其目的是为了发现旅客身上藏匿的危险品、违禁物品和限制物品，以保障民用航空器及其所载人员的生命财产安全。

（二）金属探测门检查的方法

所有乘机旅客都必须通过安全门检查（政府规定的免检者除外）。旅客通过安全门之前，引导员应首先提醒其取出身上的随身物品，然后引导旅客按次序逐个通过安全门（要注意掌握旅客流量）。如果探测门发出报警信号，人身检查员就应使用手持金属探测器或手工人身检查的方法对通过的旅客进行复查，彻底排除疑点后才能放行；对通过时探测门未发出报警信号的旅客，人身检查员可使用手持金属探测器或手工人身检查的方法进行抽查。

旅客放入衣物筐中的物品，应通过X射线检查仪的检查。对不便进行X射线检查仪检查的物品，要注意采用摸、掂、试等方法检查其中是否藏匿有违禁物品。

（三）手持金属探测器检查的方法

手持金属探测器检查是安检人员通过采用手持金属探测器和手相结合的方法，按规定程序对旅客人身实施的安全检查。检查时，凡金属探测器所到之处，人身检查员应用另一只手采用摸、按、压的动作配合检查。如果手持金属探测器报警，人身检查员应对报警部位进行触摸复查，以判断报警物品的性质，同时请旅客取出物品进行检查。旅客取出物品后，人身检查员应再对该报警部位进行复查，确认无误后，方可进行下一步检查。

（四）手持金属探测器检查的程序

1. 右前衣领→右肩→右大臂外侧→右手→右大臂内侧→腋下→右前胸→右上身外侧→腰、腹部。

2. 左前衣领→左肩→左大臂外侧→左手→左大臂内侧→腋下→左前胸→左上身外侧→腰、腹部。

3. 右膝部内侧→裆部→左膝部内侧。

4. 头部→后衣领→背部→后腰部→臀部→左大腿外侧→左小腿外侧→左脚→左小腿内侧→右小腿内侧→右脚→右小腿外侧→右大腿外侧。

（五）移位人身检查法的具体操作程序

1. 移位人身检查法的定义。

移位人身检查法是指在旅客接受人身检查时，人身检查员按规定主动完成从前到后的人身检查程序，从而让旅客能始终面对自己的行李物品。这是一种适用于不方便转身的旅客的人身检查方法。

移位人身检查法是一种从尊重旅客、方便旅客的角度出发的人身检查方法。

2. 移位人身检查法的程序。

（1）人身检查员面对或侧对金属探测门站立，注意观察金属探测门报警情况及动态，确定人身检查对象。

（2）当旅客通过金属探测门报警或者有需要重点检查的对象时，人身检查员应指引旅客到指定位置接受人身检查。

（3）人身检查员请旅客面对自己的行李物品方向站立，提醒旅客照看好自己的行李物品，并从旅客正面开始实施人身检查。

（4）人身检查员在完成旅客前半身的人身检查程序后，主动转至旅客身后，从旅客背面实施人身检查。

（5）当人身检查员检查到旅客脚部有异常或鞋子较厚较大时，应让旅客坐在椅子上，请其脱鞋，用手持金属探测器和手相结合的方法对其脚踝进行检查，并将旅客的鞋子通过 X 射线检查仪进行检查。

（6）检查完毕后，人身检查员应提醒旅客拿好自己的行李物品，并回到原检查位置进入待检状态。

（六）人身检查的重点对象和重点部位

1. 人身检查的重点对象。

（1）精神恐慌、言行可疑、伪装镇静者。

（2）冒充熟人、假献殷勤、接受检查时过于热情者。

（3）表现不耐烦、催促检查者，或言行蛮横、不愿接受检查者。

（4）窥视检查现场、探听安全检查情况等行为异常者。

(5) 本次航班已开始登机，才匆忙赶到安检现场者。

(6) 公安部门、安全检查站掌握的嫌疑人和群众指认的有可疑言行的旅客。

(7) 上级或有关部门通报的和来自恐怖活动频繁的国家及地区的人员。

(8) 着装与其身份不相符或不合时令者。

(9) 男性壮年旅客。

(10) 根据空防安全形势需要，有必要采取特别安全措施的航线的旅客。

(11) 有国家保卫对象乘坐的航班上的其他旅客。

(12) 检查中发现的其他可疑问题者。

2. 人身检查的重点部位。

头部、肩胛、胸部、手部（手腕）、臀部、腋下、裆部、腰部、腹部、脚部。

3. 从严检查的相关要求。

(1) 对经手工人身检查仍不能排除疑点的旅客，可带至安检室进行从严检查。

(2) 从严检查应报告安检部门值班领导并获批准后才能进行。从严检查必须由与旅客同性别的两名以上安检人员实施。

(3) 实施从严检查应做好记录，并注意监视检查对象，防止其行凶、逃跑或毁灭证据。

思考题：

1. 人身检查的定义是什么？
2. 简述人身检查的程序和方法。
3. 人身检查的重点部位有哪些？

实训模块四 开箱包检查

导入案例:

2019年9月23日晚6点许,旅客李光耀先生在白云机场T2航站楼安检大厅电子宣导台前犯了难——他的行李箱里有3瓶酒,而宣导台提示,按规定酒类不能随身带上飞机。此时,白云安检三大队安检员李文强正在通道前引导旅客,见李先生正为难,便主动上前问道:"先生,有什么需要我帮忙的吗?"

"这些酒我实在不想就这样丢掉,还有没有什么办法?"李先生问。"我们这里有快递点,可以直接快递的。"话还没说完,细心的李文强看了一眼登机牌,发现李先生的航班5分钟后就要开始登机了,马上说道:"我看您的时间很赶,这样吧,您先过安检上飞机,留个联系方式,一会我帮您寄快递。"

互加了微信后,李文强赶忙带着李先生来到晚到旅客通道快速安检。李先生顺利坐上飞机后,告知了李文强寄件地址。由于距离最近的EMS快递不能邮寄酒类,李文强又特意跑到安检大厅另一头的顺丰快递邮寄点。寄完快递,李文强立即给李先生发了信息:"酒已寄出,请您留意查收。"同时还把快递小票拍照发给了李先生。

夜里十一点多,回到家的李先生看到信息,得知三瓶酒很快就能收到,十分感动。微信里,他又向李文强说了许多感谢的话,亲切地称呼他为远方姓李的"本家兄弟",又发红包以作答谢。李文强坚决不肯收下,表示这点小事都是自己应该做的。

一个月后,也就是10月25日,白云机场安检三大队收到了李先生寄来的一份写着"情系白云爱心无价,帮扶旅客民航榜样"的书法作品,这

16个字是李先生专门托书法家朋友写的。李先生表示，之所以如此郑重，是因为安检员李文强像家里人一样为他着想，这种精神十分可贵。白云机场的小插曲，让李先生打心底里喜欢上了这里，喜欢上了这个不仅高效便捷，还很有人情味的机场。

思考：
1. 安检开包员的工作职责？
2. 禁止随身携带但是可以托运的物品有哪些？

本模块要点：
1. 开箱包检查实施的程序和注意事项。
2. 开箱包检查的重点检查部位和处置方法。

项目一　开箱包检查的实施

任务一　开箱包检查的程序和方法

（一）程序

1. 观察外层。看它的外形，检查外部小口袋及有拉链的外夹层。
2. 检查内层和夹层。用手沿行李箱包的各个侧面上下摸查，将所有的夹层、底层和内层小口袋检查一遍。
3. 检查箱包内物品。按X射线检查仪操作员提示的重点部位和物品进行检查。在没有具体目标的情况下应一件一件地检查。已查和未查的物品要分开，放置要整齐有序。若箱包内有枪支等物品，应先将其取出并保管好，及时进行处理，然后再细查其他物品，同时要对物主采取看护措施。
4. 善后处理。检查后如有问题应及时报告值班领导，或交公安机关处理。没有发现问题的应协助旅客将物品放回箱包内，对其合作表示感谢。

（二）方法

开箱包检查一般通过人的眼、耳、鼻、舌、手等感官进行，根据箱包内物品的类别采取相应的检查方法。开箱包检查主要有看、听、摸、拆、掂、捏、嗅、探、摇、烧、敲、开等常用方法。

1. 看：就是对物品的外表进行观察，看是否有异常，包装袋是否有变动等。

2. 听：对录音机、收音机等音响器材通过听的方法，判断其是否正常，此法也可以用于对被怀疑有定时爆炸装置的物品进行检查。

3. 摸：就是直接用手的触觉来辨别异常，判断其中是否藏有危险物品。

4. 拆：对有疑问的物品，拆开包装或外壳，检查其内部有无藏匿危险物品。

5. 掂：对被检查的物品，用手掂其重量，看其重量与正常的物品是否相等，从而确定是否进一步检查。

6. 捏：主要用于对软包装且体积较小的物品的检查，如洗发液、香烟等物品的检查，靠手感来判断有无异物。

7. 嗅：对疑问的物品，尤其是爆炸物和具有挥发性的化工类物品，通过鼻子嗅闻判断物品的性质。应注意使用"扇闻"的方法。

8. 探：对有疑问的物品，如花盆和盛有物品的坛、罐等，既无法透视，也不能用探测器检查，可用探针进行探查，判断有无异物。

9. 摇：对有疑问的物品，如用容器盛装的液体和如佛像、香炉等中间可能是空心的物品，可以用摇晃的方法进行检查。

10. 烧：对有疑问的物品，如液体、粉末状、结晶状等，可取少许用纸包裹并点燃，根据物品的燃烧程度及状态等来判断其是否属于易燃易爆物品。

11. 敲：对某些不易打开的物品，如拐杖、石膏等，可用手敲击，听其发音是否正常。

12. 开：通过开启、关闭开关检查手提电话、传呼机等电子设备是否正常，以判断其是否被改装为爆炸物。

以上方法一般不单独使用，常常是几种方法结合使用，以便能准确、快速地进行检查。

任务二　开箱包检查的操作步骤

操作步骤：

1. 开箱包检查员站立在X射线检查仪的行李传送带出口处疏导箱包，避免过检箱包相互挤压、摔落。

2. 当有箱包需要打开检查时，X射线检查仪操作员给开箱包检查员以语言提示。待物主到达前，开箱包检查员应控制需打开检查的箱包；物主到达后，开箱包检查员需请物主自行打开箱包，对箱包实施检查。（如果箱包内疑有枪支、爆炸物等危险品，应由开箱包检查员控制箱包，并确保物主与箱包人物分离）。

3. 开箱包检查时，开启的箱包应侧对物主，使其能通览自己的物品。

4. 根据X射线检查仪操作员的提示对箱包进行有针对性的检查。已查和未查的物品要分开，放置要整齐有序。

（1）检查箱包的外层时，应注意检查其外部小口袋及有拉锁的外夹层。

（2）检查箱包的内层和夹层时，应用手沿箱包的各个侧面上下摸查，将所有的夹层、底层和内层小口袋完整、认真地检查一遍。

5. 检查过程中，开箱包检查员应根据箱包内物品种类采取相应的方法（看、听、摸、拆、捏、掂、嗅、探、摇、烧、敲、开）进行检查。

6. 开箱包检查员将检查出的物品放上X射线检查仪传送带，由X射线检查仪操作员复核。

（1）若属安全物品，则交还给旅客本人或将物品放回旅客箱包，同时协助旅客将箱包恢复原状，再通过X射线检查仪对箱包进行复检。

（2）若为违禁物品，则须做移交处理。

7. 若旅客申明携带的物品不宜接受公开开箱包检查时，开箱包检查员应将此物品交值班领导处理。

8. 若遇旅客携带有胶片、计算机软盘等不能接受X射线检查仪检查的物品时，则应对其箱包内物品进行手工检查。

任务三　开箱包检查的重点对象及注意事项

（一）重点对象

1. 用 X 射线检查仪检查时，图像模糊不清无法判断其内物品性质的箱包或物品。

2. 用 X 射线检查仪检查时，发现内有类似电池、导线、钟表等，以及粉末状、液体状、枪弹状物品及其他可疑物品的箱包或物品。

3. X 射线检查仪图像中显示内有容器、仪表、瓷器等物品的箱包或物品。

4. 照相机、收音机、录音录像机及电子计算机等电器。

5. 携带者特别小心或时刻不离身的物品。

6. 乘机者所携带与其职业、出行事由及季节不相适应的物品。

7. 携带者声称帮他人携带或来历不明的物品。

8. 携带者声明不能用 X 射线检查仪检查的物品。

9. 现场表现异常的乘机者或群众揭发的嫌疑分子所携带的物品。

10. 公安部门通报的嫌疑分子或被列为查控人员所携带的物品。

11. 旅客携带的进入检查区域发生报警的密码箱包。

（二）注意事项

1. 开箱包检查时，物主必须在场，并请物主将箱包打开。

2. 检查时要认真细心，特别要注意重点部位，如箱包的底部、角部、外侧小兜，并注意有无夹层。

3. 没有进行托运行李流程改造的要加强监控措施，防止已查验的行李箱包与未经安全检查的行李箱包调换或夹塞违禁（危险）物品。

4. 旅客的物品要轻拿轻放，如有损坏，应照价赔偿。检查完毕，应按原样放好。

5. 开箱包检查发现危害大的违禁物品时，应先控制住携带者，防止其逃离现场。然后将箱包重新经 X 射线检查仪检查，以查清是否藏有其他危险物品。必要时，应将其带入检查室彻底清查。

6. 若旅客申明所携带物品不宜接受公开检查时，安检部门可根据实际情况，避免在公开场合检查。

7. 经开箱包检查的行李必须再次经过 X 射线检查仪检查。

8. X 射线检查仪上安装有紧急断电按钮，在出现紧急情况时，按下这个按钮可立即关闭系统。重新开机时，只要按出这一按钮并按下电源开关即可。

任务四　开箱包检查的情况处置

1. 对查出的非管制刀具的处理：非管制刀具不准随身携带，可准予托运。国际航班如有特殊要求的，经民航主管部门批准，可按其要求进行处理。

2. 对查出的走私物品、淫秽物品、毒品、赌具、伪钞、反动宣传品等的处理：对查出的走私物品、淫秽物品、毒品、赌具、伪钞、反动宣传品等应做好登记，并将人和物移交民航公安机关、海关等相关联检单位依法处理。

3. 对携带含有易燃物质的日常生活用品的处理：医护人员携带的抢救危重病人所必需的氧气袋，凭医院证明可进行检查后予以放行。

项目二　常见物品的检查方法

1. 仪器、仪表的检查方法。

对仪器、仪表，通常进行 X 射线检查仪透视检查。对于 X 射线检查仪透视检查不清，又有疑点的，可用看、掂、探、拆等方法检查。对仪器、仪表，看其外表螺丝是否有动过的痕迹；对家用电表、水表等，可掂其重量来判断；对特别怀疑的仪器、仪表可以拆开检查，清查里面是否藏有违禁物品。

2. 各种文物、工艺品的检查方法。

一般采用摇晃、敲击、听等方法进行检查，摇动或敲击时，听其有无杂音或异物晃动声。

3. 容器中液体的检查方法。

对液体的检查一般可采用看、摇、嗅、试烧的方法进行。查看容器、瓶子的包装封口是否为原包装封口；摇动液体察看有无泡沫（易燃液体经摇动一般会产生泡沫且泡沫会快速消失）；嗅闻液体气味是否异常（酒的气味香浓，汽油、酒精、香水的刺激性大）；对不能判别性质的液体，可取少量进行试烧，但要注意安全。

4. 各种容器的检查方法。

对容器进行检查时，可取出容器内的物品，采取敲击、测量的方法，听其发出的声音，分辨其有无夹层，并测出容器的外高与内深、外径与内径的比差是否相符。若不能取出容器内物品时，则可采用探针检查法。

5. 骨灰盒等特殊物品的检查方法。

对旅客携带的骨灰盒、神龛、神像等特殊物品，若经 X 射线检查仪检查发现有异常时，可征得旅客同意后再进行手工检查；在旅客不愿意通过 X 射线检查仪检查时，可采用手工检查。

6. 皮带（女士束腰带）的检查方法。

对皮带（女士束腰带）进行检查时，应看边缘缝合处有无再加工的痕迹，摸查带圈内是否有夹层。

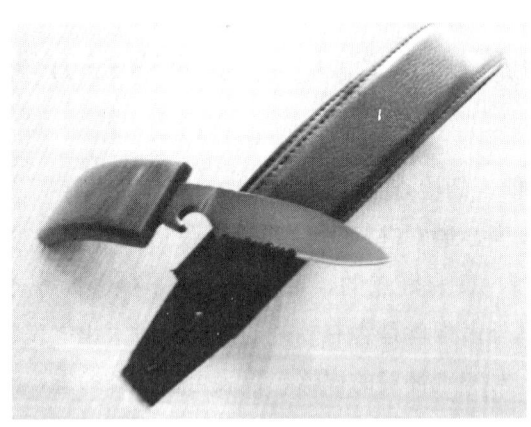

◎ 皮带刀

7. 衣物的检查方法。

衣服的衣领、垫肩、袖口、兜部、裤腿等部位容易暗藏武器、管制刀具、爆炸物和其他违禁物品。因此，在安全检查中，对旅客行李箱包中的可疑衣物要用摸、捏、掂等方式进行检查，对冬装及皮衣、皮裤等更要仔细检查，看是否有夹层，捏是否暗藏有异常物品（衣领处能暗藏一些软质的爆炸物品），掂重量是否正常。对衣物进行检查时应用手掌心摸、按、压，因为手掌心的接触面积大且敏感，容易查出藏匿在衣物中的危险品。

8. 书籍的检查方法。

书籍容易被人忽视，厚的书或捆绑在一起的书是可能被挖空而暗藏武器、管制刀具、爆炸物和其他违禁物品的。检查时，应将书打开翻阅检查，看书中是否有上述物品。

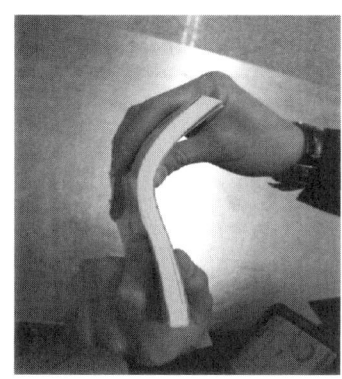 

◎ 检查书籍

9. 笔的检查方法。

看笔的外观是否有异常，掂其重量是否正常；按下笔身的开关或打开笔身检查，看其是否被改装成笔枪或笔刀。

◎ 笔枪

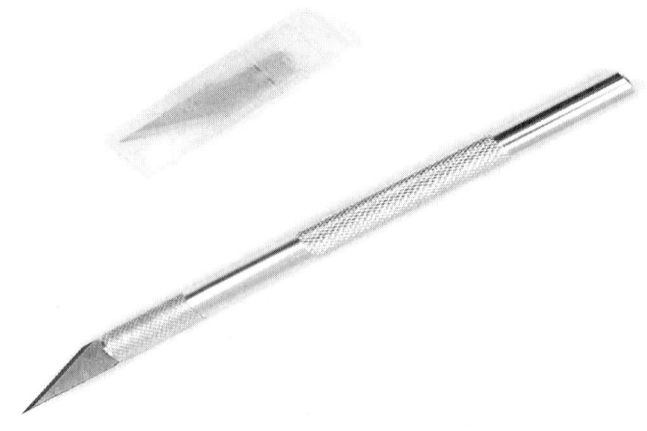

◎ 笔刀

10. 手杖的检查方法。

注意对手杖进行敲击,听其发声是否正常;认真查看外观,判断其是否被改装成拐杖刀或拐杖枪。

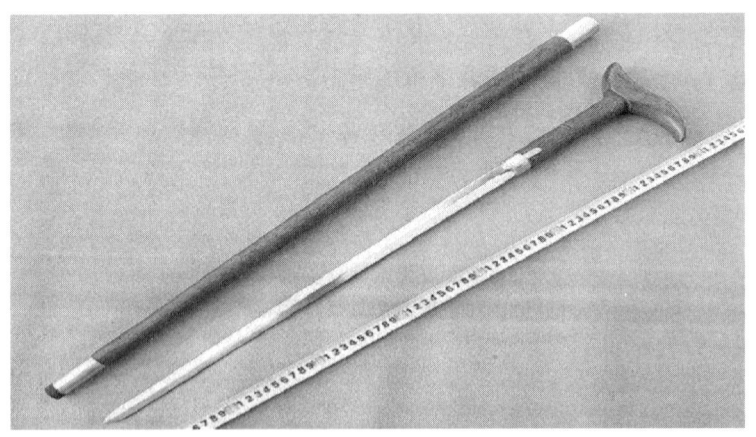

◎ 拐杖刀

11. 雨伞的检查方法。

雨伞的结构很特殊,因而劫机分子常在其伞骨、伞柄中藏匿武器、匕首等危险物品，以混过安全检查。在检查中，可用捏、摸、掂以及打开的方法进行检查，要特别注意对折叠伞的检查。

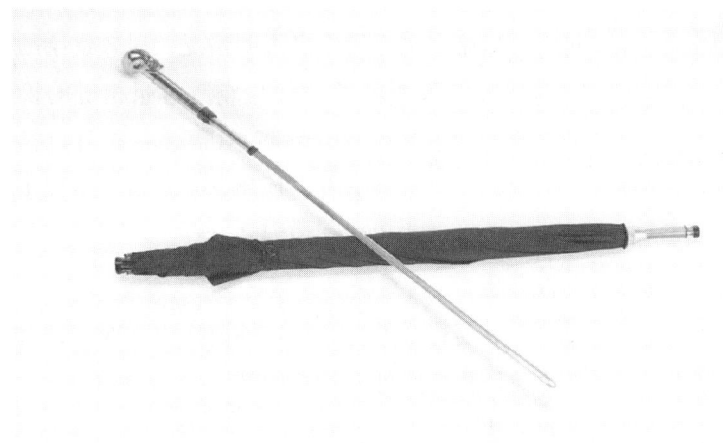

◎ 伞刀

12. 玩具的检查方法。

小朋友携带的玩具也有可能暗藏匕首、刀具和爆炸装置。对毛绒玩具进行检查时，要看其外观，用手摸查有无异物；对电动玩具进行检查时，可通电或打开电池开关进行检查；对有遥控设施的玩具进行检查时，可看其表面是否有动过的痕迹，听其摇晃时是否有不正常的声音，掂其重量来判断是否正常，拆开遥控器检查电池看是否暗藏危险品。

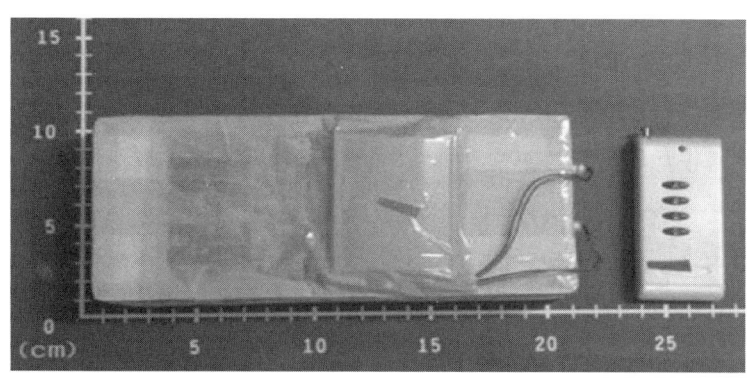

◎ 含爆炸装置遥控器

13. 摄像机、照相机的检查方法。

对一般类型的摄像机，可首先检查其外观是否正常，有无可疑部件，有无拆卸过的痕迹，重点检查带匣、电池盒（外置电源）、取景窗等部分是否正常，对有疑问的可让旅客进行操作以查明情况。对较复杂的大型摄像机，可征得旅客同意后进行 X 射线检查仪检查。对照相机的检查，可以询问旅客机内是否有胶卷（指使用胶卷的照相机），是否可以打开照相机；也可以掂其重量来判断，若机内装有爆炸物，其重量会不同于正常照相机。对有疑问的照相机，可以按快门试拍判断。

14. 收音机的检查方法。

对收音机的检查，一般要打开电池盒盖，抽出接收天线，查看其是否藏匿有违禁物品。必要时，再打开外壳检查内部。

15. 录音机的检查方法。

对录音机的检查，首先观察其是否能够正常工作，必要时打开电池盒盖和磁带舱，查看是否藏有危险物品。

16. 手机的检查方法。

对手机的检查，可用看、掂、开等方法进行；看其外观是否异常；掂其重量，若藏匿其他物品则会有别于正常手机；然后打开电池盒盖查看或开启、关闭开关来判断。

17. 手提电脑的检查方法。

检查外观有无异常，掂其重量是否正常，可请旅客将电脑启动，查看其能否正常工作。对电脑的配套设备（鼠标、稳压器等）也要进行检查。

18. 乐器的检查方法。

乐器都有发音装置。对弦乐器可采用拨（按）、听、看的方法，听辨发音是否正常，其能否正常发音。对管乐器材可请旅客现场演示。

19. 整条香烟的检查方法。

整条香烟、烟盒和其他烟叶容器一般都是轻质物品，主要看其包装是否有被重新包装的痕迹，并掂其重量（每条香烟重量约为 300 g）来判断，对有怀疑的要打开包装检查。

20. 口红、香水等化妆物品的检查方法。

口红等化妆品易被改成微型发射器，可通过掂其重量或打开查验的方式进行检查。部分香水的外部结构在 X 射线检查仪的屏幕上所显示的图像与微型发射器类似，在检查时要看瓶体说明并请旅客试用。

21. 粉末状物品的检查方法。

粉末状物品的性质不易确定，可取少许用纸包裹，然后用火点燃，通过观察其燃烧程度来判断其是否属于易燃易爆物品。

22. 食品的检查方法。

对罐、袋装的食品进行检查，可掂其重量，看是否与罐、袋体所标注的重量相符，看其封口是否有被重新包装的痕迹。察觉该物可疑时，可请旅客自己品尝。

23. 鞋的检查方法。

用看、摸、捏、掂等检查方法来判断鞋中是否藏有违禁物品。看，是观看鞋的外表与鞋的内层；摸，是用手的触感来检查鞋的内边缘等较为隐蔽之处，检查是否异常；捏，是通过手挤压的感觉来进行判断；掂，是掂鞋的重量，是否与正常的鞋相符。必要时，可通过 X 射线检查仪进行检查。

24. 小电器的检查方法。

对于电吹风机、电动卷发器、电动剃须刀等小型电器，可通过观察外观、开启电池盒盖、现场操作的方法进行检查。对于钟表，要检查表盘的时针、分针、秒针是否正常工作，拆开其电池盒盖，查看是否被改装成钟控定时爆炸装置。

案例：2015 年 9 月 25 日，广州白云机场安检员小欧在开机岗位上仔细地检查屏幕上的每一件行李，力求不漏过任何一个违禁物品。小欧发现，一名旅客包里的卫生巾中有类似火柴形状的物品，但图像并不是很清楚。小欧并没有抱着侥幸心理略过这个物品的检查，而是要求开包人员将物品拿出仔细查看。

旅客并不是很配合，先是想通过对安检员说一番好话来躲过开包检查，看安检员无动于衷后又向安检员发火，称对方不能侵犯自己的隐私，不能随便打开自己的包，并不顾安检人员的劝阻准备离开安检通道前往登机口。安检人员立刻拦住该旅客，经过一番沟通后，开包人员终于打开了该旅客的行李，并在包里的卫生巾中找出了几根火柴。该旅客声称自己只是抱有侥幸心理，并没有其他企图。安检员将事情经过报告中队长，中队长将该旅客移交公安机关处理。

项目三　暂存、移交的办理

任务一　暂存的定义

对旅客携带的限制随身携带物品，安检部门可予以定期暂存。办理物品暂存时，要开具暂存物品单据并注明期限，旅客凭此单据在规定期限内领取。逾期未领的，视为无人认领物品，交由民航公安机关处理。

任务二　暂存物品单据的使用和填写

暂存物品是指不能由乘机旅客自己随身携带，而旅客本人又不便于处置的物品。暂存物品单据是指具备物主姓名、证件号码、物品名称、标记、数量、新旧程度、存放期限、经办人和物主签名等项目的一式三联单据。

在开具暂存物品单据时必须按照单据所规定的项目逐项填写，不得漏项。暂存物品单据一式三联，第一联留存，第二联交给旅客，第三联贴于暂存物品上以便旅客领取。安检部门收存的暂存物品应设专人专柜妥善保管，不得丢失。

暂存物品单据的有效期限一般为30天，逾期未领的，将视为自动放弃，物品交由民航公安机关处理。

任务三　移交的定义

移交是指安检部门在安全检查工作中遇到问题，按规定需要交由公安机关、其他有关部门或机组审查处理（应当连人带物一起移交）或需转交机组处理。移交时，要办理好交接手续，清点所有物品。

1. 移交公安机关。

安检部门对在安检中查获的可能被用来劫（炸）机的武器、弹药、管制刀具等以及假冒证件，应当连人带物移交民航公安机关审查处理。移交时，应填写好移交清单，互相签字并注意字迹清晰，不要漏项。

2. 移交其他有关部门。

安检部门对在安检中查获的走私的黄金、文物，以及贩运的毒品、淫秽物品、伪钞等，应当连人带物移交相应部门审查处理。

3. 移交机组。

旅客携带的物品属于《禁止旅客随身携带但可作为行李托运的物品》规定中所列的物品而来不及办理托运的，可按规定或根据航空公司的要求为旅客办理手续后移交机组，待到目的地后再交还给旅客。

任务四　移交物品单据的使用和填写

移交物品单据是指具有旅客姓名、证件号码、乘机航班、乘机日期、起飞时间、旅客座位号、始发地、目的地、物品名称、数量、经办人、接收人等项目的一式三联单据。移交时，安检部门要填写三联单并让接收人签名，将第一联留存，第二联交给旅客，第三联交安检部门接收人。移交单据应妥善保管，以便存查。

对旅客遗留的物品，安检部门要登记清楚数量、型号、日期，交专人妥善保管，方便旅客认领。

对旅客自弃的物品，安检部门要统一造册，妥善保管，经上级领导批准后做出处理。

任务五　值班员兼信息统计员的职责

1. 每天在勤务结束后，办理人员将暂存物品、旅客自弃物品及暂存物品登记表上交值班员兼信息统计员。

2. 值班员兼信息统计员对办理人员上交来的暂存物品进行清点、签收，并保留暂存物品登记表。

3. 值班员兼信息统计员负责将暂存物品按日期分类，并分别放置在相应的柜层中，方便旅客提取暂存物品。

4. 值班员兼信息统计员还要负责对旅客自弃物品的收存。

暂存物品凭单

No.1234567　　　BYG－QR－A－10－083　　暂存日期：　　年　　月　　日

物主姓名		联系电话	
经手人		物主确认签名	
物品名称		数量	特征
说明	1. 上列物品按照民航总局有关规定进行暂存，保管期限为30天。必须持凭单领回，逾期不领者按自动放弃处理。 2. 暂存期内由于自身原因导致的锈蚀、泄露、霉烂、变质等现象本部门概不负责。 3 领取时间6:00－20:00，领取地点：机场候机楼出发厅安检值班室。		

实训模块五　X射线机操作和图像的识别

项目一　X射线机开关机程序及常见问题的处理

任务一　X射线机开关机规程

1. 操作员使用仪器前应检查仪器外观是否完好。

2. 首先开启稳压电源，观察电压指示是否稳定在 220±10% 的范围内。

3. 开启 X 射线机电源，观察运行自检测程序正常后，开始检查工作。

4. 检查中，如遇设备发生故障，应立即报告值班领导。

5. 工作结束后，应关闭 X 射线机电源及稳压电源。有些机型需要先退出 X 射线机操作平台，待图像存储完成后，再关闭 X 射线机电源及稳压电源。

6. 按要求认真填写设备运行记录。

任务二　X射线机开机过程中常见问题解决方法

（一）按下电源开关键后机器无反应

1. 检查机器通道两侧及操作键盘上的三个紧急断电按钮是否处于断开状态。

解决方法：复位紧急断电按钮，再进行开机操作。

2. 检查机器所有电源插头和接口是否连接正确。

解决方法：正确连接电源插头或接口，再进行开机操作。

3. 检查稳压电源或不间断电源开关是否开启。

解决方法：开启稳压电源或不间断电源的开关，再进行开机操作。

4. 如果按下电源开关键后机器无反应且非上述情况时，则应立即报告现场值班领导，由专业技术人员排除故障。

（二）X射线机自检正常，但显示器不显示图像

1. 检查显示器是否打开。

解决方法：打开显示器开关。

2. 检查显示器电源线插头或接口是否连接正确。

解决方法：正确连接电源插头或接口。

（三）X射线机自检正常，但显示器显示偏色或图像比例失真

1. 检查显示器视频连接线接口是否松动。

解决方法：重新连接固定显示器视频连接线接口。

2. 检查显示器周围是否有磁性物质。

解决方法：移开磁性物质，显示器关闭后再打开。

3. 检查显示器设置是否正确。

解决方法：检查显示器的设置（参见显示器所附的操作手册）。

（四）X射线机自检过程中提示未清空通道或光障未对准的提示

解决方法：检查通道内有无异物或光障上有无遮挡物，如有异物或遮挡物则将其取出或移除后重新开机。

（五）X射线机检查操作过程中常见问题解决方法

X射线机检查操作过程中X射线机停机时，需从以下几个方面考虑停机原因。

1. 传送带电机过热。

解决方法：将X射线机关机冷却30分钟，然后再开机使用。特别注意非常重的行李或货物，必须单独通过X射线机进行检查。

2. 行李和行李之间的距离太短。

解决方法：传送带上两件相邻行李之间的距离应至少保持50cm。

3. X射线机显示器图像受到干扰。

解决方法：如显示器周围有无法屏蔽无线电波的仪器，如无线对讲机，应关掉这些设备或者让其与显示器保持一定的距离，直至显示器不受干扰为止。

4. X射线机在无行李检查时一直发射X射线。

解决办法：停止传送带后，检查X射线机通道内光障上有无遮挡物，如果有遮挡物则移除；如果无遮挡物则立即上报现场值班领导，由专业技术人员排除故障。

任务三　X射线机工作状态的检查项目

1. 检查X射线机的外壳面板、显示器、键盘及电缆是否损坏。
2. 检查通道入口及出口处的铅帘门是否缺损。
3. 检查X射线机的传送带是否磨损或污脏。
4. 检查电源指示灯。
5. 检查等待指示灯。
6. 检查射线指示灯。

任务四　X射线开关机程序（以公安部一所CMEX-V6550B机型为例）

1. 首先将钥匙插入钥匙孔，然后将钥匙朝顺时针方向旋转90°。
2. 按下电源键，X射线机完成自检程序后即处于待机状态。
3. 将钥匙逆时针旋转90°后拔出钥匙即完成关机操作。

任务五　各种功能键的含义和使用

1. 紧急断电按钮。

在出现紧急情况时，按下这个按钮可以使系统立即关闭。重新开机时，只要拔出这一按钮并按下通电开关即可。

2. 传送带前进键。

按下传送带前进键，传送带开始运转。

3. 传送带倒退键。

持续按下传送带倒退键，传送带倒退循环运转，直到此键被释放抬起时停止，系统在传送带反向运行期间一般不执行物品检查过程，除非系统被设置成反向扫描或连续扫描。

4. 方向键（选区键）。

使用方向键来选择希望放大的区域，其在放大状态下同样有效。

5. 放大键（ZOOM 键）。

每次按下放大键，选中区域的图像将被放大。

6. 彩色、黑白图像切换键（C/B 键）。

其功能为彩色、黑白图像切换。

7. 图像增强键。

启动或关闭图像增强功能。

8. 剔除键。

当需要对图像中不同物品的成分进行区分时，可使用剔除键。

（1）未按下该键时彩色显示器上显示的图像为正常的多能量图像。

（2）第一次按下该键后，机器对显示器上的图像进行处理，将显示图像中表示无机物的颜色剔除。这时显示器上图像的颜色多为黄色，也就是有机物成像的颜色。这样可以使我们更好地对炸药及易燃、易爆等物品进行观察。

（3）第二次按下该键后，机器会将显示图像中表示有机物的颜色剔除。这时显示器上图像的颜色多为蓝色，有助于我们观察金属制品（如刀枪）。

（4）第三次按下该键后，图像恢复正常状态。（在前两次按下该键时其对应的指示灯会被点亮）。

9. 反转键。

可以使图像显示黑白反转的效果。当需要识别密度较低的物品或颜色较浅的部分时，可使用反转键来帮助判图。

10. 加亮键。

可以利用对比度增强的方式实现对图像中较暗物体的观察。当图像较暗时，应使用加亮键来帮助判图，必要时可使用超强加亮键。

11. E0、E1、E2 键。

E0、E1、E2 键使用说明：

（1）E0 键的功能是使图像中灰度级较低部分的灰度提升，从而使图像变亮、颜色变浅，这样更容易看清楚密度大的物体。此功能是通过机器内部的各种计算得到的，并不是按下此键后射线剂量增大的结果。

（2）E1 键的工作原理与 E0 键相同，但其功能与 E0 键相反，也就是说，E1 键是使图像中灰度级高的部分降低灰度，便于识别密度较小的物体。

（3）E2 键的功能是使图像反转，将灰度级高的变低，灰度级低的变高，使暗的变亮，亮的变暗。

12. X 射线机功能键使用方法

（1）当图像较暗时，应使用加亮键来帮助判图，必要时可使用超强加亮键。

（2）当需要识别密度较低的物品或物品颜色较浅的部分时，可使用加暗键或反转键来帮助判图。

（3）当需要对图像中不同物品的成分进行区分时，可使用有机物/无机物剔除键。

（4）使用传送带前进键、传送带倒退键控制传送带。

（5）当图像需要进一步判读时，应使用停止键控制传送带。

项目二　常见违禁品的图像特征

任务一　枪支弹药类的 X 射线图像特征

（一）枪支

枪支一般由金属或塑料材质制成。金属枪图像轮廓明显且颜色较深，正放、直放或斜放图像都可通过结构和外观特征来识别，如握柄、枪管、护环和准星等。塑料枪材质密度较小，其图像颜色较浅且轮廓不明显。正放图像可通过轮廓和内部金属特征来识别，如螺旋形弹簧、金属铁块、金属螺钉等；直放图像可通过外形和内部特征识别，如金属螺钉、弹簧等；

斜放图像根据摆放角度不同，呈现的图像形状各异，但仍能看到金属螺钉、弹簧等。

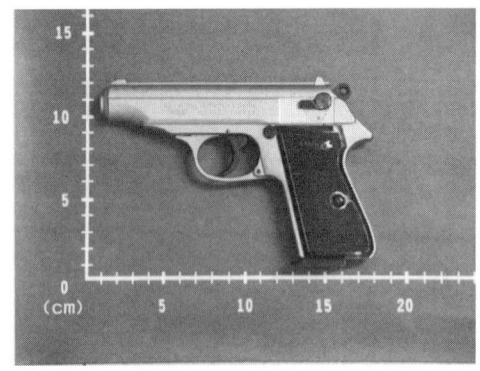

◎ 金属手枪

◎ 金属手枪 X 射线正放图像

◎ 金属手枪 X 射线直放图像

◎ 金属手枪 X 射线斜放图像

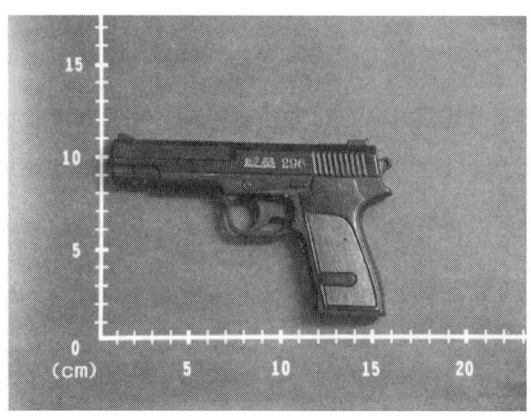

◎ 塑料手枪

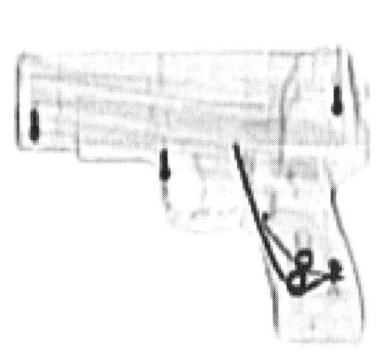 

◎ 塑料手枪 X 射线直放图像　　◎ 塑料手枪 X 射线正放图像

◎ 塑料手枪 X 射线斜放图像

（二）普通子弹

普通子弹正放图像轮廓明显，弹头一般呈黑色，形状为尖头或圆头，弹壳呈蓝色，弹壳底部呈较粗直线状；直放图像呈黑色圆形，可利用图像加亮键识别；斜放图像呈圆锥状，综合其外观结构特征较易辨别。识别普通子弹可寻找图像中的最黑点，利用其结构及比例大小特征来识别。

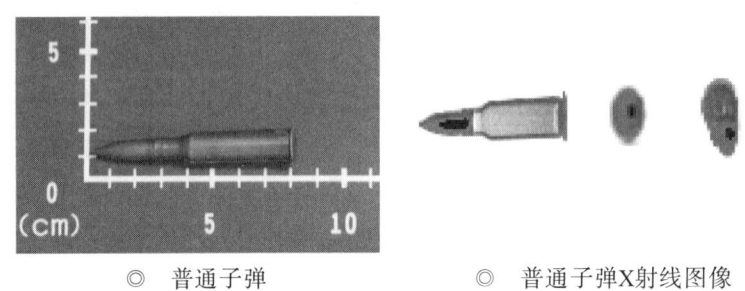

◎ 普通子弹　　　　　　　　　◎ 普通子弹X射线图像

（三）散弹和901钢珠防暴弹

散弹与普通子弹区别较大，外观可看到红色或蓝色塑料弹壳和银色底部。由于弹壳为塑料材质，所以在图像中不明显。正放图像弹头呈黑色块状，中间火药呈淡黄色，底部呈绿色；直放图像弹头呈黑色圆形，弹头外部有绿色圆环；斜放图像呈圆柱状，弹头呈黑色，边缘可见颗粒状钢珠，底部呈绿色圆形，其圆心是底火部分。

901钢珠防暴弹外观与散弹相似，呈短粗圆柱形，一头稍粗一点，正放时整个图像呈黑色圆柱体，斜放图像与正放图像相似。

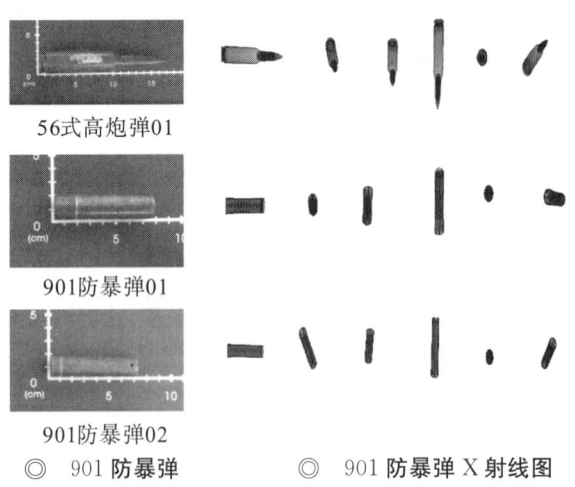

56式高炮弹01

901防暴弹01

901防暴弹02

◎ 901防暴弹　　　　　　　　◎ 901防暴弹X射线图

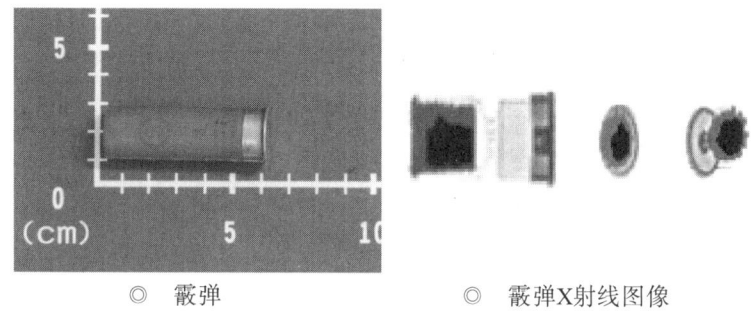

◎ 霰弹　　　　　　　　　　◎ 霰弹X射线图像

任务二　军（警）用械具类的X射线图像特征

（一）电击器

电击器外形一般为长方体或圆柱体，尺寸有大有小，外壳一般都由塑料制成。正放图像可以看到蓝色电源（电池）、升压装置（变压线圈或电容）及黑色电击点（有的是两个或三个触头，有的是金属圆环）；直放图像可通过黑色圆环状电击点或点状电击点识别，两者中间图像颜色大部分呈黑色；斜放图像可通过电池、升压装置和电击点的部分特征识别。X射线检查仪操作员在图像识别过程中，应特别注意某些小电器与电击器的区别，如电动剃须刀、数码相机、收音机等。

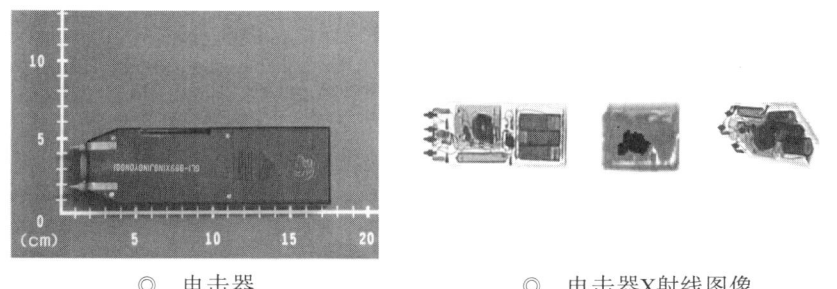

◎ 电击器　　　　　　　　　◎ 电击器X射线图像

（二）手铐和拇指铐

手铐和拇指铐外观颜色为银色或黄色，主要结构由扣环和锁头组成。正放图像极易辨认。直放图像，手铐扣环和锁头呈两头黑色直线状，中间由圆环相连，扣环有间隙；拇指铐呈一条较粗的黑色直线状，扣环有间隙。斜放图像，手铐较易识别；拇指铐与金属柄折叠刀相似，但两端都有间隙。

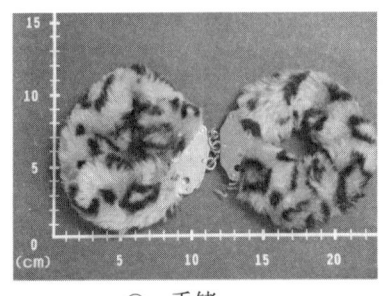
◎ 手铐

◎ 手铐X射线图像

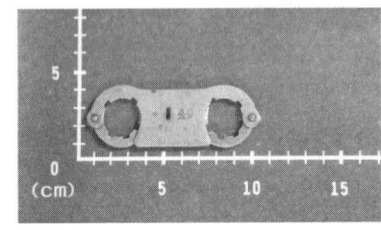
◎ 拇指铐

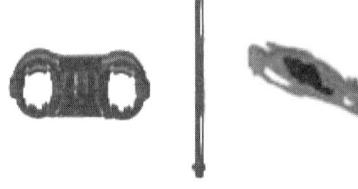
◎ 拇指铐X射线图像

（三）催泪瓦斯

催泪瓦斯外观为圆柱状瓶体，一般由金属铝制成，尺寸各异。正放图像可通过淡绿色瓶体和瓶口中心绿色金属喷头来识别，大瓶催泪瓦斯瓶口有蓝色密封盖；直放图像瓶体呈绿色圆形，瓶口中心可看到由金属喷头形成的空心圆；斜放图像呈圆柱体，同时能看到由金属喷头形成的空心圆。X射线检查仪操作员在图像识别过程中，应特别注意某些瓶装化妆品和生活用品与催泪瓦斯的区别，如发胶、剃须泡、口气清新剂、哮喘喷雾等。检查过程中如发现类似图像，应通过开箱包检查来进一步确认。

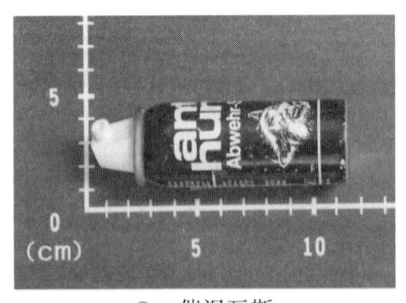
◎ 催泪瓦斯

◎ 催泪瓦斯X射线图像

任务三　管制刀具的 X 射线图像特征

（一）匕首

匕首刀身由金属制成，刀柄由金属或其他材质制成，一般都带有金属或其他材质的刀鞘。正放图像能看到蓝色刀身和黑色刀柄，容易识别；直放图像刀身呈黑色线状，刀柄根据材质不同呈黑色或黄色块状；斜放图像根据实际摆放角度不同形状各异，但仍能看到刀身和刀柄的特征。

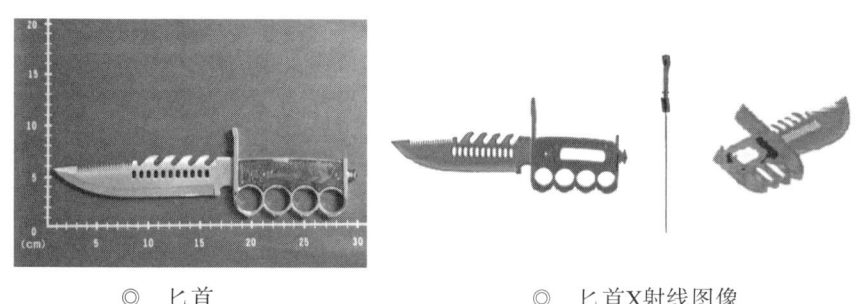

◎　匕首　　　　　　　　　　◎　匕首X射线图像

（二）弹簧刀

弹簧刀由金属或其他材质制成，刀身隐藏在刀柄内。正放图像能看到蓝色或黑色刀柄，刀柄形状明显，容易识别；直放图像呈长条状，刀柄周围呈黑色，中间有间隙，刀柄外侧能模糊看到黄色开关；斜放图像根据实际摆放角度不同形状各异，但仍能看到刀柄的特征。

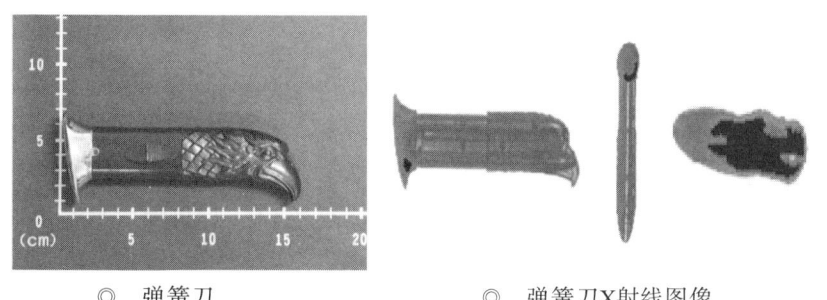

◎　弹簧刀　　　　　　　　　◎　弹簧刀X射线图像

（三）跳刀

跳刀由金属或其他材质制成，刀身位于刀柄内部。正放图像能看到蓝色刀柄和刀身及黑色点状开关；直放图像能看到若干黑线，同时能看到黑色铆钉和点状开关；斜放图像根据实际摆放角度不同形状各异，但仍能看到刀柄的特征。

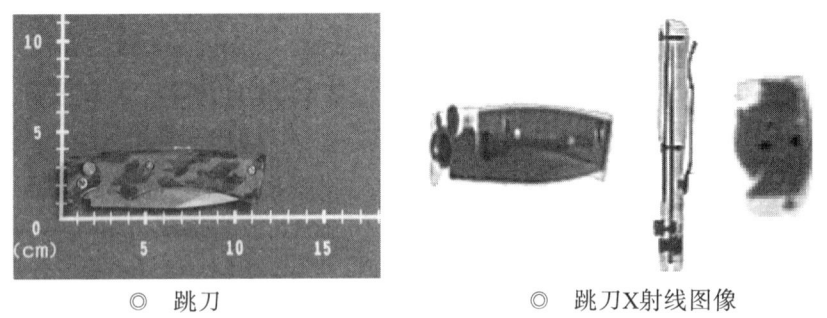

◎ 跳刀　　　　　　　　　◎ 跳刀X射线图像

（四）三棱刀

三棱刀由金属刀身和木质刀柄组成，刀身上有三条刀刃。正放图像刀身呈蓝色，中间第三条刀刃因直放角度呈黑色线状，刀柄呈黄色；直放图像刀身颜色稍深；斜放图像与正放图像相似。

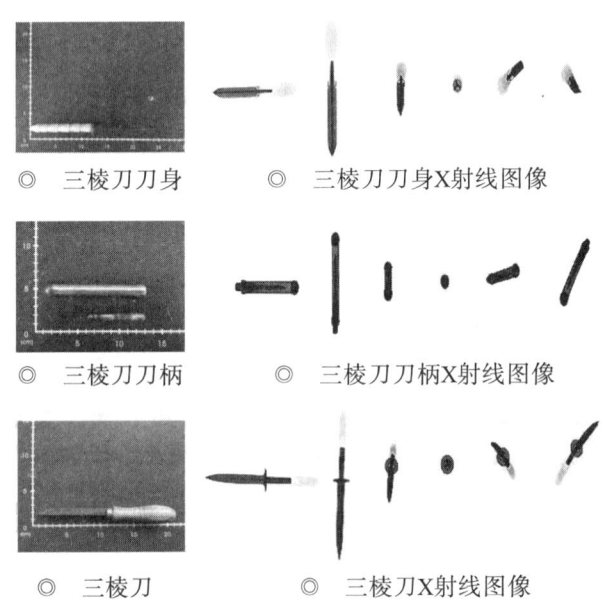

◎ 三棱刀刀身　　　　　　◎ 三棱刀刀身X射线图像

◎ 三棱刀刀柄　　　　　　◎ 三棱刀刀柄X射线图像

◎ 三棱刀　　　　　　　　◎ 三棱刀X射线图像

任务四　爆炸物品类的 X 射线图像特征

（一）铁、铜壳电雷管

铁、铜壳电雷管管体外观为银色或黄色细长条圆柱体，管体尾部有压痕并与电线相连。正放图像管体呈蓝色长方形，铜壳电雷管内部有黑色加强帽，铁壳电雷管内部加强帽颜色较浅，尾部有电线与之相连；直放图像呈黑色点状，有绿色电线与之相连；斜放图像与直放图像相似。

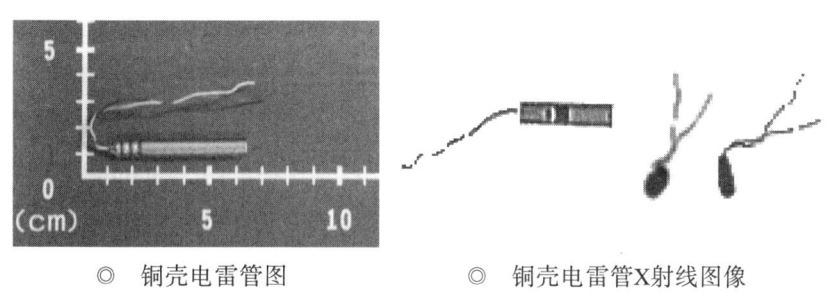

◎　铜壳电雷管图　　　　◎　铜壳电雷管X射线图像

（二）纸壳电雷管

纸壳电雷管管体外观为黄色细长条圆柱体，管体尾部有金属压条并与电线相连。正放图像管体呈极淡的黄色，内部加强帽呈黑色块状，头部炸药呈黄色，尾部有蓝色金属压条与电线相连；直放图像呈黑色点状，金属压条呈蓝色圆形，与电线相连；斜放图像与正放图像相似。

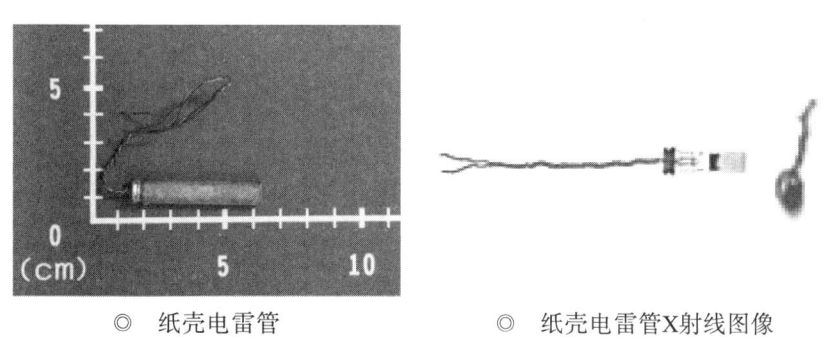

◎　纸壳电雷管　　　　◎　纸壳电雷管X射线图像

（三）铝、纸壳火雷管

铝、纸壳火雷管管体外观为银色或黄色细长条圆柱体。铝、纸壳火雷管图像与纸壳电雷管相似（除电线部分），铝壳火雷管外壳颜色为淡绿色。

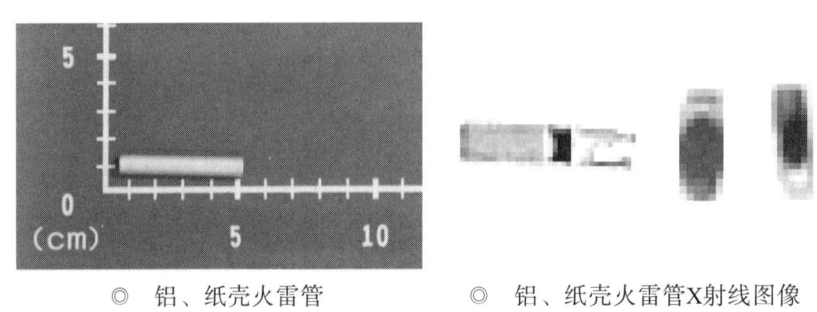

◎ 铝、纸壳火雷管　　　　　　　　◎ 铝、纸壳火雷管X射线图像

（四）导火索和导爆索

导火索外观为白色绳索状。正放、直放和斜放图像呈淡绿色线状。

导爆索外观为红色绳索状。正放、直放和斜放图像呈淡黄色线状。

X射线检查仪操作员在图像识别过程中，应特别注意导火索、导爆索和电线之间的区别，电线一般为绿色或蓝色且较细，绝大部分电线都有与之相连的电器，如有线鼠标、电吹风、各类充电器等。

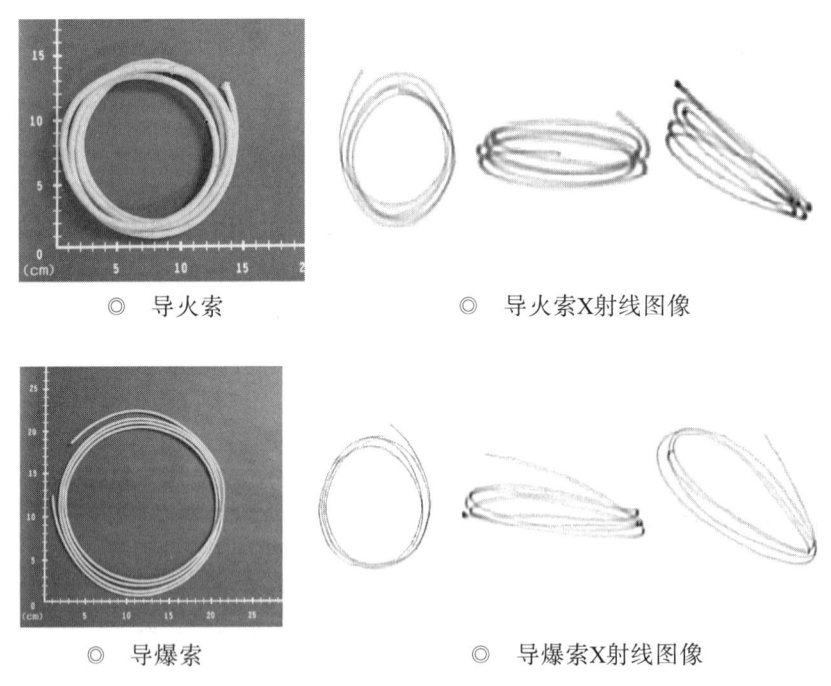

◎ 导火索　　　　　　　　　　　　◎ 导火索X射线图像

◎ 导爆索　　　　　　　　　　　　◎ 导爆索X射线图像

任务五　微型防暴枪的 X 射线图像特征

各类微型防暴枪在 X 射线检查仪上图像的外观轮廓多与一些日常生

活用品相似，但通常具有日常生活用品所没有的击发装置和弹槽。

（一）打火机形防暴枪

打火机形防暴枪在 X 射线检查仪上的图像类似于普通金属打火机。正放图像呈蓝色长方形，一边是金属打火机，另外一边有两条明显的弹槽；直放图像呈黑色块状，加亮后能模糊看到两个弹槽孔；斜放图像与正放图像相似。

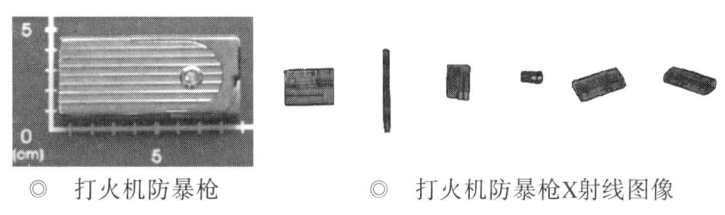

◎ 打火机防暴枪　　　◎ 打火机防暴枪X射线图像

（二）笔形防暴枪

笔形防暴枪在 X 射线检查仪上的图像类似于普通金属钢笔或圆珠笔。正放图像笔体颜色较深，中部可看到明显的弹槽；直放图像与正放图像相似；斜放图像比普通金属笔颜色深，尤其是笔体中部。

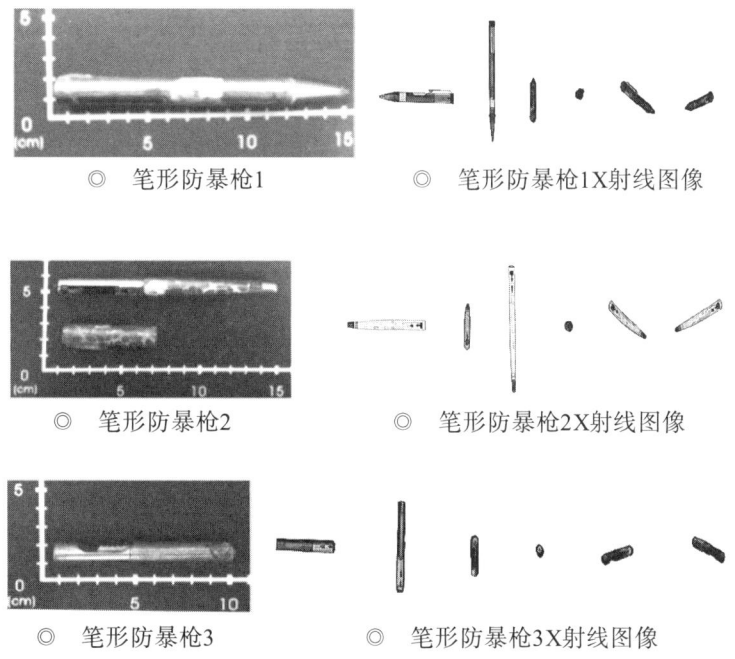

◎ 笔形防暴枪1　　　◎ 笔形防暴枪1X射线图像

◎ 笔形防暴枪2　　　◎ 笔形防暴枪2X射线图像

◎ 笔形防暴枪3　　　◎ 笔形防暴枪3X射线图像

（三）口红形防暴枪

口红形防暴枪基本由塑料制成，正放图像外壳呈黄色长方形，内部有淡绿色弹槽及黑色击发电极和金属片；直放图像呈黄色正方形，内部可看到模糊的淡绿色弹槽；斜放图像与正放图像相似。

◎ 口红防暴枪　　　　　　◎ 口红防暴枪X射线图像

任务六　利器、钝器的 X 射线图像特征

（一）利器的 X 射线图像特征

水果刀种类繁多，大小、形状各异，由金属和其他材质制成，可分为折叠式和非折叠式两种。塑料或木质刀柄的水果刀正放图像刀身呈蓝色，较易识别；折叠式金属水果刀刀柄与刀身重叠轮廓明显，也较易识别。直放图像刀身呈黑色细线，金属刀柄的水果刀则较粗，折叠水果刀能看到黑色金属铆钉；斜放图像根据实际摆放角度不同形状各异，但仍能看到刀柄或刀身的特征。

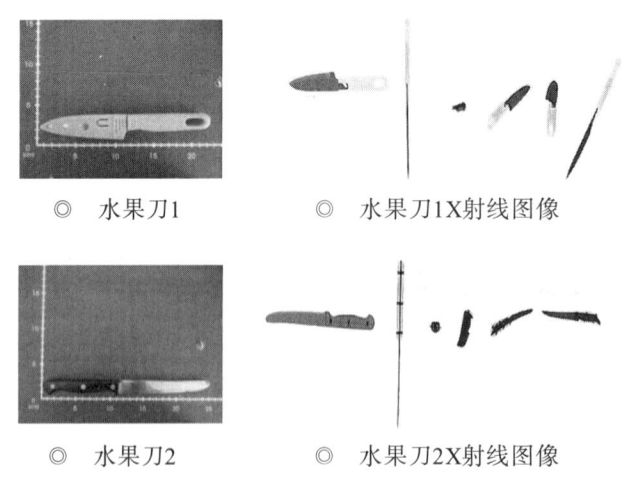

◎ 水果刀1　　　　　　◎ 水果刀1X射线图像

◎ 水果刀2　　　　　　◎ 水果刀2X射线图像

实训模块五 X射线机操作和图像的识别

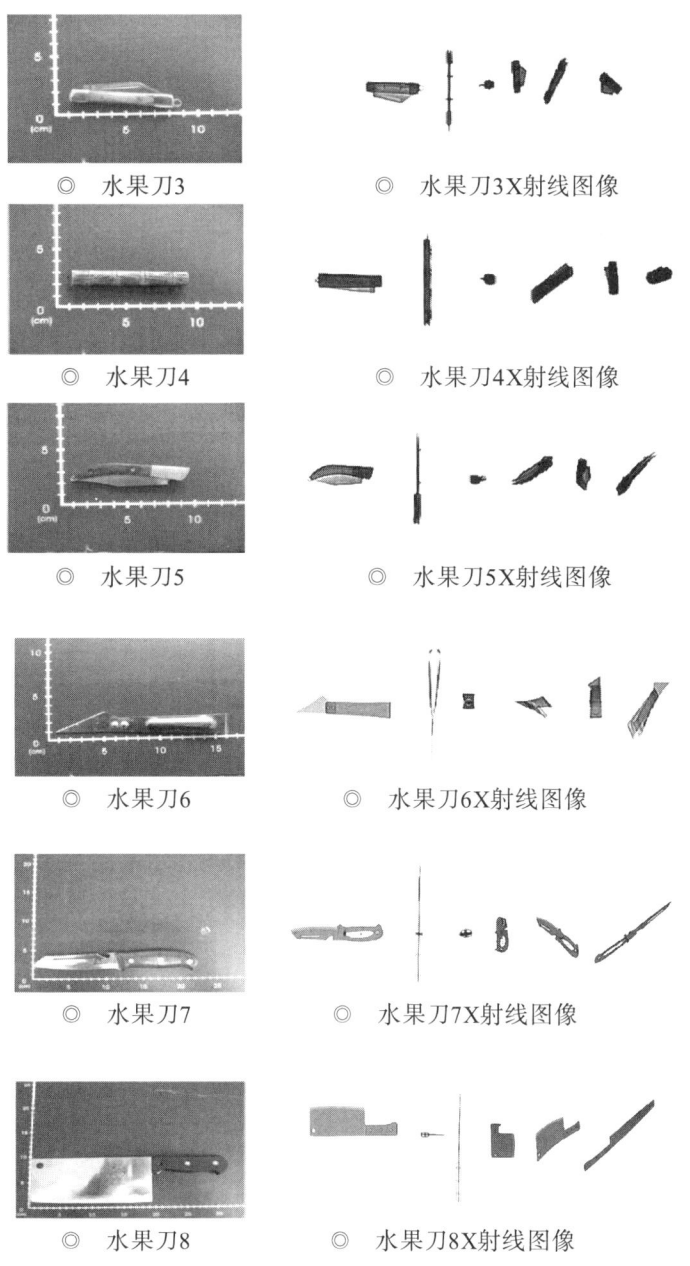

◎ 水果刀3　　　　　　　　◎ 水果刀3X射线图像

◎ 水果刀4　　　　　　　　◎ 水果刀4X射线图像

◎ 水果刀5　　　　　　　　◎ 水果刀5X射线图像

◎ 水果刀6　　　　　　　　◎ 水果刀6X射线图像

◎ 水果刀7　　　　　　　　◎ 水果刀7X射线图像

◎ 水果刀8　　　　　　　　◎ 水果刀8X射线图像

裁纸刀的外壳根据材质不同可分为金属和塑料两种。正放图像，塑料外壳裁纸刀能看到蓝色平行四边形刀片及尾部圆孔，金属外壳裁纸刀图像不明显，但能看到特殊形状的外壳；直放图像，刀片或外壳呈黑色细线；

斜放图像根据实际摆放角度不同形状各异，但仍能看到刀片或外壳的特征。

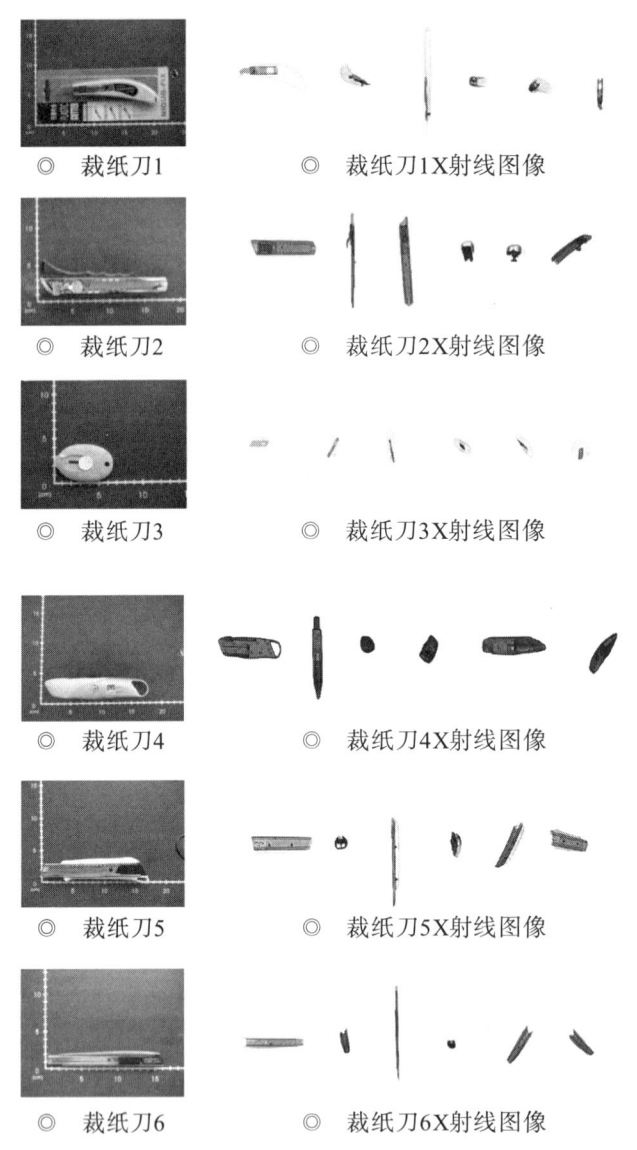

◎ 裁纸刀1　　　　◎ 裁纸刀1X射线图像

◎ 裁纸刀2　　　　◎ 裁纸刀2X射线图像

◎ 裁纸刀3　　　　◎ 裁纸刀3X射线图像

◎ 裁纸刀4　　　　◎ 裁纸刀4X射线图像

◎ 裁纸刀5　　　　◎ 裁纸刀5X射线图像

◎ 裁纸刀6　　　　◎ 裁纸刀6X射线图像

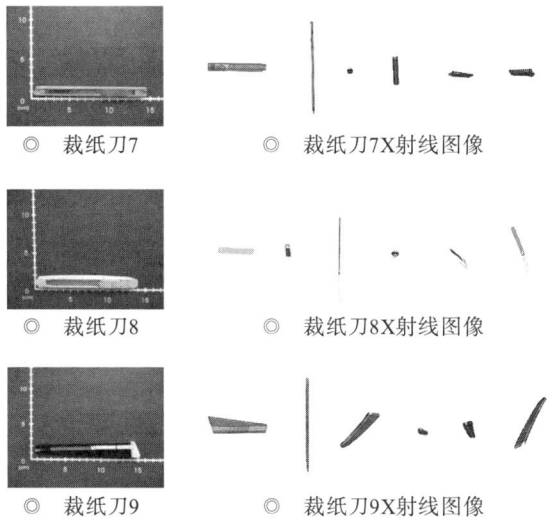

◎ 裁纸刀7　　　　　　◎ 裁纸刀7X射线图像

◎ 裁纸刀8　　　　　　◎ 裁纸刀8X射线图像

◎ 裁纸刀9　　　　　　◎ 裁纸刀9X射线图像

整盒裁纸刀片正放图像塑料盒呈淡黄色，刀片呈深蓝色平行四边形，尾部有圆孔；直放图像盒子边缘呈黄色，刀片呈黑色细线；斜放图像与直放图像相似。

剪刀刀身由金属制成，刀柄由塑料或其他材质制成。正放图像刀身呈蓝色，轮廓明显，刀柄呈黄色，较易识别；直放图像刀身呈黑色线状，刀身末端有凸出的黑色铆钉，刀柄呈深黄色；斜放图像根据实际摆放角度不同形状各异，但仍能看到刀身的特征。

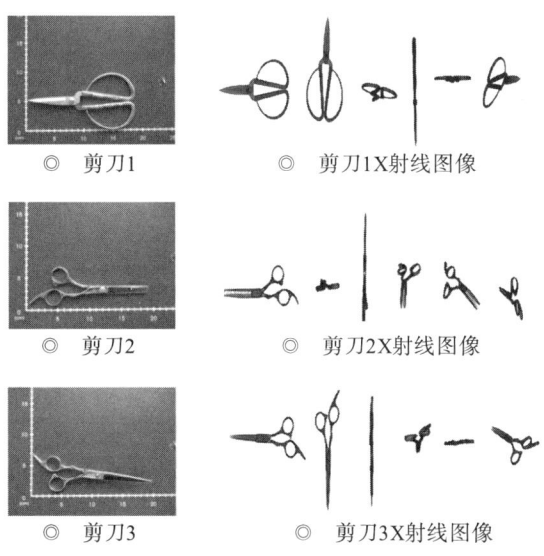

◎ 剪刀1　　　　　　◎ 剪刀1X射线图像

◎ 剪刀2　　　　　　◎ 剪刀2X射线图像

◎ 剪刀3　　　　　　◎ 剪刀3X射线图像

（二）钝器的 X 射线图像特征

钝器大部分由金属制成，图像轮廓特征明显，较易识别。

铁锤头部由金属制成，锤柄由木材或其他材质制成。正放、直放及斜放的锤头图像轮廓特征非常明显，极易识别。木质锤柄呈黄色。

  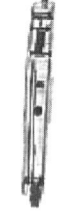

◎ 铁锤　　　　　　　　◎ 铁锤 X 射线图像

实训模块六　危险品标签和操作标签

项目一　危险品的认识和分类

任务　危险品的定义和分类

（一）危险品的定义

危险品是指能对健康、安全、财产或环境构成危险，并在技术细则的危险品清单中列明和根据技术细则进行分类的物品或物质。

危险品的运输必须遵守我国和运输过程中有关国家的法律、行政法规和其他有关规定。

（二）危险品的分类

根据危险品所具有的不同危险性，危险品被划分为9大类。第1、2、4、5、6、7类根据危险性不同又被分成若干项。

1. 第1类：爆炸品。

1.1项　具有整体爆炸危险性的物质和物品。

1.2项　具有喷射危险性而无整体爆炸危险性的物质和物品。

1.3项　具有起火危险性、较小的爆炸和较小的抛射危险性而无整体爆炸危险性的物质和物品。

1.4项　不存在明显爆炸危险的物质和物品。

1.5项　具有整体爆炸危险而敏感度极低的物质。

1.6项　无整体爆炸危险且敏感度极低的物质。

2. 第2类：气体。

2.1项　易燃气体。

2.2项　非易燃无毒气体。

2.3项　毒性气体。

3. 第3类：易燃液体。

4. 第4类：易燃固体、自燃物质及遇水放出易燃气体的物质。

4.1项　易燃固体。

4.2项　自燃物质。

4.3项　遇水释放易燃气体的物质。

5. 第5类：氧化剂和有机过氧化物。

5.1项　氧化剂。

5.2项　有机过氧化物。

6. 第6类：毒性物质和感染性物质。

6.1项　毒性物质。

6.2项　感染性物质。

7. 第7类：放射性物质。

7.1项　一级放射性物质

7.2项　二级放射性物质

7.3项　三级放射性物质

7.4项　临界指数标签

8. 第8类：腐蚀性物质。

9. 第9类：杂类危险物质和物品。

（三）危险品的分类标签

1. 第一类：爆炸品。

◎ 第1.1、1.2和1.3类

符号（爆炸的炸弹）为黑色；底色为橙黄色。

◎ 第1.4类　　　　◎ 第1.5类　　　　◎ 第1.6类

底色为橙黄色；数字为黑色。

2. 第2类：气体。

◎ 第2.1类

符号（火焰）为黑色或白色；底色为红色；数字"2"写在底角。

◎ 第2.2类

符号（气瓶）为黑色或白色；底色为绿色；数字"2"写在底角。

◎ 第2.3类

符号（骷髅和交叉的骨头棒）为黑色；底色为白色；数字"2"写在底角。

3. 第3类：易燃液体。

◎ 第3类

符号（火焰）为黑色或白色；底色为红色；数字"3"写在底角。

4. 第4类：易燃固体、自燃物质及遇水放出易燃气体的物质。

◎ 第4.1类　　　　◎ 第4.2类

符号（火焰）为黑色；底色　　符号（火焰）：黑色；底色：
白色加上七条竖直红色条带。　　上半部为白色，下半部为红色。

◎ 第4.3类

符号（火焰）为黑色或白色；底色为蓝色。

5. 第5类：氧化剂和有机过氧化物。

◎ 第5.1类　　◎ 第5.2类

符号（圆圈上带有火焰）为黑色；底色为黄色。

6. 第6类：毒性物质和感染性物质。

◎ 第6.1类

符号（骷髅和交叉的骨头棒）为黑色；底色为白色。

◎ 第6.2类

符号（三个新月形符号沿一个圆圈重叠）和文字为黑色；底色为白色。

7. 第7类：放射性物质。

◎ 第7.1类

Ⅰ级：白色

符号（三叶形）为黑色；底色：白色。

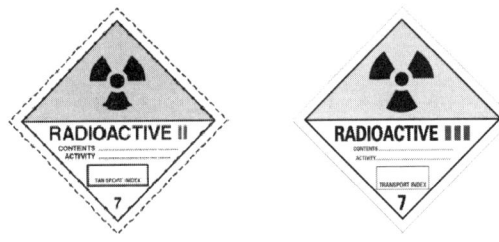

◎ 第7.2类　　　◎ 第7.3类

Ⅱ级：黄色　　　Ⅲ级：黄色

符号（三叶形）为黑色；底色为上半部黄色加白边，下半部白色。

7. 第7类：裂变性物质。

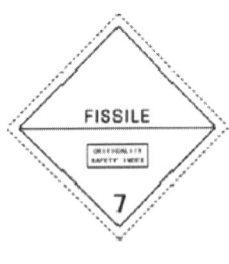

◎ 第7.4类

底色为白色；文字（强制性要求）在标志的上半部用黑体标出。

8. 第 8 类：腐蚀性物质。

◎ 第 8 类

符号（液体，从两个玻璃容器流出来侵蚀到手和金属上）为黑色；
底色为上半部白色，下半部黑色带白边。

9. 第 9 类：杂类危险物质和物品。

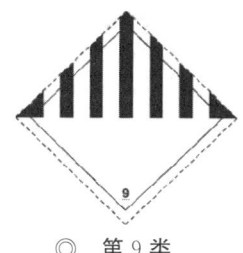

◎ 第 9 类

符号（在上半部有 7 条竖直条带）为黑色；底色为白色；数字"9"写在底角。

项目二　操作标签的识别

◎ CAO：仅限货机

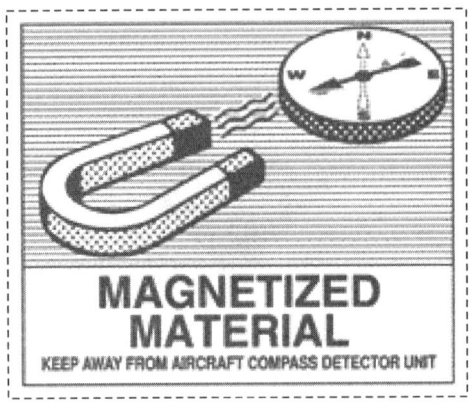

◎ MAG：磁性材料标签

◎ RRE：放射性物质例外数量包装件标签

◎ REQ：非放射性物质例外数量包装件标签

实训模块六 危险品标签和操作标签

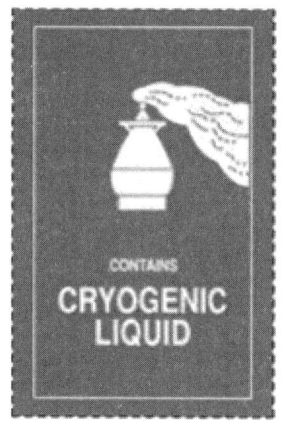

◎ RCL：深冷液化气体标签

◎ 远离热源标签

◎ 向上标签

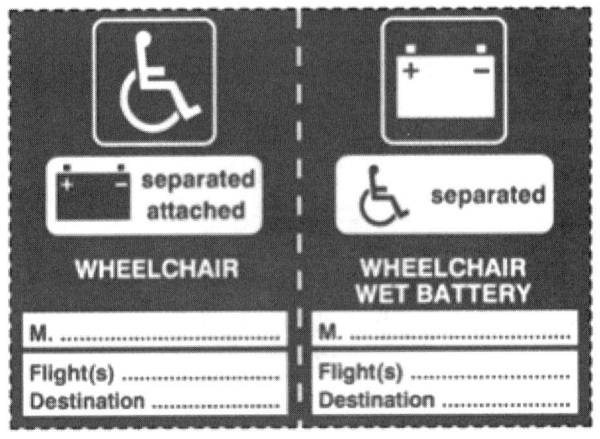

◎ 电动轮椅标签

◎ 锂电池标签

通常情况下，危险物品具有完整的出厂外包装的，外包装上必须按照国家危险品管理的有关规定使用上述危险品标签。因此，熟悉、掌握这些标签是对特定危险品进行危险特性识别的基础。但是，对于没有产品外包装的危险物品，如零散的工业原材料、化学品、组织及血样等，则需要由专业检验机构根据相关标准进行鉴定并确定其分类或品名后，通过对照国际航协（IATA）《危险品规则》查询该类物品是否可以空运，以及具体限制数量、条件、包装等级及说明等运输要求，从而确保运输安全。

附录一　暂存单

暂存物品凭单

No.1234567　　　BYG-QR-A-10-083　　暂存日期：　　年　　月　　日

物主姓名		联系电话	
经手人		物主确认签名	
物品名称		数量	特征
说明	1. 上列物品按照民航总局有关规定进行暂存，保管期限为30天必须持凭单领回，逾期不领者，即按自动放弃处理。 2. 暂存期内由于自身原因导致的锈蚀、泄露、霉烂、变质等现象本部门概不负责。 3. 领取时间：6:00～20:00，领取地点：机场候机楼出发厅安检值班室。		

附录二 五级安检员技能鉴定口试题 五级安检员考证知识点

一、二代居民身份证件的防伪措施

（一）直观防伪措施

1. 扭索花纹采用彩虹印刷。
2. 在底纹中隐含有微缩字符，微缩字符由"居民身份证"汉语拼音字头"JMSFZ"组成。
3. 正面写意"长城"图案采用荧光印刷。
4. 背面"长城"图案采用定向光变色膜。
5. 背面"中国CHINA"字符采用光变光存储膜。

（二）数字防伪措施

证件机读信息进行加密运算处理后存储在证件专用集成电路（芯片）内。

二、正确叙述证件检查的准备工作

1. 验证员应按时到达现场，做好工作前的准备。
2. 验证员到达验证岗位后，将安检验讫章放在验证台相应的位置进入待检状态。
3. 检查安检信息系统是否处于正常工作状态，并输入ID号进入待检状态。

三、证件检查的程序和方法及注意事项

（一）程序

1. 人、证对照。

（1）核对"三证"：一是核对证件上的姓名与机票上的姓名是否一致；二是核对机票是否有效，有无涂改痕迹（电子机票无须核对此项）；三是核对登机牌所注航班是否与机票一致；四是查看证件是否有效。

（2）扫描旅客的登机牌，自动采集并存储旅客相关信息，同时查对持证人是否为查控对象。

（3）查验无误后，按规定在登机牌上加盖验讫章。

（二）方法

查验证件时应采取检查、观察和询问相结合的方法，具体为一看、二对、三问。

（三）注意事项

1. 检查中要注意看证件上的有关项目是否有涂改的痕迹。

2. 检查中要注意发现是否存在冒名顶替的情况，注意观察持证人的外貌特征是否与证件上的照片相符。如发现可疑情况，应对持证人仔细查问。

3. 查验证件时要注意方式方法，应做到自然大方、态度和蔼、语言得体，以免引起旅客反感。

4. 注意观察旅客穿戴有无异常，如佩戴有墨镜、围巾、口罩、帽子等有伪装嫌疑的佩饰，应让其摘下，以便于准确核对。

5. 应注意遵守工作秩序，集中精力，以防漏验证件或漏盖验讫章。验证中发现疑点时，要慎重处理，及时报告。

6. 验证中要注意发现通缉、查控对象。

7. 验证中发现疑点时，要慎重处理，及时报告。

8. 根据机场流量、工作标准以及验证、前传、引导、人身检查岗位的要求适时验放旅客。

四、正确叙述安全检查验讫章管理制度

验讫章实行单独编号、集中管理，落实到各班（组）使用。安检验讫章

不得带离工作现场，遇有特殊情况需带离时，必须经安检部门值班领导批准。

五、布控人员的查缉方法

检查中发现查控对象时，应根据不同的查控要求，采取不同的处理方法。

发现通缉的犯罪嫌疑人时，要沉着冷静、不露声色，待其进入安检区后按预定方案处置，同时报告值班领导，尽快与布控单位取得联系。将嫌疑人移交布控单位时，要做好登记，填写移交清单并双方签字。对同名同姓的旅客在没有十足把握的情况下交公安机关处理。

六、枪支、弹药、管制刀具等违禁物品的处理方式

做好登记并将人和物移交机场公安机关依法处理。

七、旅客遗留、自弃、移交、暂存物品的处理

遗留物品：对旅客遗留的物品，要登记清楚钱、物的数量、型号、日期，交专人妥善保管，方便旅客认领。

自弃物品：对旅客自弃的物品，安检部门要统一造册，妥善保管，经上级领导批准做出处理。

移交物品：按规定移交给各有关部门（这里所说的移交包括三个方面即移交机场公安机关，移交机组，移交其他有关部门）。移交时，要办理好交接手续，清点所有物品。

暂存物品：填写《暂存物品登记表》并向旅客告知暂存期限为30天，如果超过30天无人认领，将不再为其保存。

八、识别危险的国际通用标识

标志号	标志名称	标志图形	对应的危险货物类项号
标志1	爆炸品	(符号：黑色，底色：橙红色)	1.1 1.2 1.3
标志2	爆炸品	1.4 Explosives (符号：黑色，底色：橙红色)	1.4
标志3	爆炸品	1.5 Explosives (符号：黑色，底色：橙红色)	1.5
标志4	爆炸品	1.6 Explosives (符号：黑色，底色：橙红色)	1.6

续表

标志号	标志名称	标志图形	对应的危险货物类项号
标志5	易燃气体	 （符号：黑色或白色，底色：正红色）	2.1
标志6	非易燃无毒气体	（符号：黑色或白色，底色：绿色）	2.2
标志7	毒性气体	（符号：黑色，底色：白色）	2.3
标志8	易燃液体	（符号：黑色或白色，底色：正红色）	3

续表

标志号	标志名称	标志图形	对应的危险货物类项号
标志 9	易燃固体	（符号：黑色，底色：白色红条）	4.1
标志 10	自燃物品	（符号：黑色，底色：上白下红）	4.2
标志 11	遇湿易燃物品	（符号：黑色或白色，底色：蓝色）	4.3
标志 12	氧化剂	（符号：黑色，底色：柠檬黄色）	5.1

续表

标志号	标志名称	标志图形	对应的危险货物类项号
标志13（旧）	有机过氧化物（此标志使用至2010年12月31日）	（符号：黑色，底色：柠檬黄色）	5.2
标志13（新）	有机过氧化物	（图像类似4.2，但符号颜色以及底色不同）（符号：黑色或白色，底色：上红下黄）	5.2
标志14	毒性物质	（符号：黑色，底色：白色）	6.1
标志15	感染性物质	（符号：黑色，底色：白色）	6.2
标志16	一级放射性物品	（符号：黑色，底色：白色）	7

续表

标志号	标志名称	标志图形	对应的危险货物类项号
标志17	二级放射性物品	（符号：黑色，底色：上黄下白）	7
标志18	三级放射性物品	（符号：黑色，底色：上黄下白）	7
标志19	临界安全指数标签	（符号：黑色，底色：白色）	7
标志20	腐蚀品	（符号：上黑下白，底色：上白下黑）	8

续表

标志号	标志名称	标志图形	对应的危险货物类项号
标志21	杂项	 （符号：黑色，底色：白色）	9

附录三　五级安检员技能鉴定口试题评分表

表一　证件检查操作技能考核评分记录表

考件编号：_____ 姓名：_____ 准考证件号：_____ 单位：_____

试题序号	考核内容	考核要点	配分	考核标准	时间	扣分	得分
1	查验机场控制区通行证件	能识别有效的机场通行证件	12分	根据考评员提供的证件样本，在2分钟内正确叙述机场控制区通行证件的种类名称、使用范围及方法 1. 未识别出或识别错误每个扣2分 2. 使用范围及方法叙述不正确每个扣2分			

续表

试题序号	考核内容	考核要点	配分	考核标准	时间	扣分	得分
2	核查有效乘机证件、登机牌	能识别有效乘机证件、登机牌	12分	考生根据考评员提供的乘机手续,在2分钟内完成考核内容 1. 未能正确说出旅客行程,每题扣1分 2. 未能准确核查乘机证件、登机牌上的相关内容并做出正确处理,每题扣2分 3. 未正确叙述做出上述处理的原因,每题扣1分			
3	安全检查验讫章使用的布控人员的查缉	1. 一代居民身份证件的一般防伪暗记 2. 二代居民身份证件的防伪措施 3. 正确叙述证件检查的工作准备 4. 证件检查的程序和方法及注意事项 5. 能正确叙述安全检查验讫章的管理制度 6. 布控人员的查缉方法	6分	在2分钟内未正确叙述相关内容,按关键点酌情扣分,最高扣6分			
成绩		配分:30分		得分:			
否定项:该鉴定模块成绩未达到项目配分70%者为不合格　　□合格　　□不合格							

评分人:　　年　月　日　　　　核分人:　　年　月　日

表二 人身检查操作技能考核评分记录表

考件编号：_____ 姓名：_____ 准考证件号：_____ 单位：_____

试题序号	考核内容	考核要点	考核标准	扣分
1	准备工作	报告考评员，××考生前来考试	漏说扣1分	
		测试通过式金属探测门	1. 未测试或不会测试通过式金属探测门扣1分 2. 探测通过式金属探测门时未关闭手持金属探测器电源扣1分	
		测试手持金属探测器	1. 未测试或不会测试手持金属探测器扣2分 2. 检查完毕，未关手持金属探测器扣1分	
		报告考评员，准备完毕，请求指示	漏说扣1分	
2	重点部位检查	检查重点部位：头部、肩胛、胸部、腋下、裆部、腰部、腹部、脚部、手腕部、臀部	漏查每个部位扣1分	
	检查程序	检查程序错误：未做到由上到下、由里到外、由前到后	扣4分	
		对查出物品的位未复查	扣2分	
3	文明服务	物品落地	扣1分	
		损毁物品	扣2分	
		对模拟旅客有推、拉、扯等粗鲁动作	扣1分	
		未经模拟旅客同意自取物品	扣1分	
		1. 您好，请通过安全门 2. 您好，请接受人身检查 3. 请打开衣扣，抬起双臂 4. 请转身 5. 检查完毕，谢谢合作	扣2分	

续表

试题序号	考核内容	考核要点	考核标准	扣分
4	违禁物品识别	1. 漏查、错查违禁物品	每件扣8分（本项不限最高扣分值）	
		2. 错说、漏说违禁物品	扣2分	
成绩	配分：40分	限时：3分钟 用时：	得分：	
否定项：该鉴定模块成绩未达到项目配分70%者为不合格　　□合格　□不合格					

评分人：　　年　月　日　　　　核分人：　　年　月　日

表三　交运行李开箱（包）检查操作技能考核评分记录表

考件编号：_____ 姓名：_____ 准考证件号：_____ 单位：_____

试题序号	考核内容	考核要点	考核标准	扣分
1	考前准备	1. 报告考评员，××考生前来考试	扣1分	
		2. 报告考评员，准备完毕，请指示		
		3. 考评员示意后考生可调整箱包（平移）、违禁物品筐		
	检查程序	程序、要领错误	扣2分	
	物品检查方法	1. 物品检查方法错误	扣2分	
		2. 还原箱包：还原不整齐、物品放置乱		
		3. 物品落地		
		4. 损毁物品		
	文明用语	1. 您好，请接受开箱包检查	漏说扣1分	
		2. 请稍等，您的行李需要再次经过X光射线机进行检查，谢谢合作		
2	违禁物品识别	1. 漏查、错查违禁物品	每件扣5分（本项不限最高扣分值）	
		2. 错说、漏说违禁物品	扣1分	
成绩	配分：15分	限时：4分钟 用时：	得分：	

评分人：　　年　月　日　　　　核分人：　　年　月　日

表四 手提行李开箱（包）检查操作技能考核评分记录表

考件编号：_____ 姓名：_____ 准考证件号：_____ 单位：_____

试题序号	考核内容	考核要点	考核标准	扣分
1	考前准备	1. 报告考评员，××考生前来考试	漏说、翻转箱包扣1分	
		2. 考评员示意后考生可调整箱包、违禁物品筐、鼠标位置（平移）		
	检查程序	程序、要领错误	扣1分	
	物品检查方法	1. 物品检查方法错误	扣1分	
		2. 还原箱包：还原不整齐、物品放置乱		
		3. 物品落地		
		4. 损毁物品		
	文明用语	1. 您好，请接受开箱包检查	漏说扣1分	
		2. 请稍等，您的行李需要再次经过X光射线机进行检查，谢谢合作		
2	违禁物品识别	1. 漏查、错查违禁物品	每件扣3分（本项不限最高扣分值）	
		2. 错说、漏说违禁物品	扣1分	
成绩	配分：5分	限时：1分钟 用时：	得分：	

评分人：　　　年　　月　　日　　　　　核分人：　　　年　　月　　日

表五　物品检查处置操作技能考核评分记录表

考件编号：_____ 姓名：_____ 准考证件号：_____ 单位：_____

考核内容	考核要点	配分	考核标准	时间	扣分	得分
情况处置	能正确填写暂存物品单据	4分	1. 2分钟内填写内容错误扣3分 2. 2分钟填写内容缺项、字迹潦草、未完成扣1分			
	能识别危险品的国际通用标识	3分	1分钟内正确叙述危险标识的名称及种类			
	1. 枪支、弹药、管制刀具等违禁物品的处理　□ 2. 旅客遗留、自弃、移交暂存物品的处理　□ 3. X射线机紧急关机程序　□	3分	根据考生回答的要点给分，在3分钟内未完成的酌情扣分			

评分人：　　　年　月　日　　　　　　核分人：　　　年　月　日

表六　物品检查操作技能考核成绩汇总表

姓名：_____ 准考证号：_____ 单位：_____

序号	试题名称	配分	得分	备注	
1	交运行李物品检查	15分		□合格	□不合格
2	手提行李物品检查	5分			
3	物品检查情况处置1	4分			
	物品检查情况处置2	3分			
	物品检查情况处置3	3分			
合计		30分		□合格	□不合格
否定项：试题一、试题二的总成绩及该鉴定模块成绩未达到项目配分70%者为不合格					

统分人：　　　　　　　　　　　　　　　　　　　　　年　月　日

附录三 五级安检员技能鉴定口试题评分表

表七 五级民航安全检查员操作技能考核成绩汇总表

姓名：_____ 准考证号：_____ 单位：_____

序号	模块名称	配分	得分	备注	
1	证件检查	30分		□合格	□不合格
2	人身检查	40分		□合格	□不合格
3	开箱（包）检查	30分		□合格	□不合格
	合计	100分		□合格	□不合格
否定项：单项模块鉴定模块成绩及总成绩未达到项目配分70%者为不合格					

统计人：　　　　　　　　　　　　　　　　　　　　年　月　日

附录四 《民用航空安全检查规则》（交通运输部令 2016 年第 76 号）

《民用航空安全检查规则》自 2017 年 1 月 1 日起施行。

第一章　总则

第一条　为了规范民用航空安全检查工作，防止对民用航空活动的非法干扰，维护民用航空运输安全，依据《中华人民共和国民用航空法》《中华人民共和国民用航空安全保卫条例》等有关法律、行政法规，制定本规则。

第二条　本规则适用于在中华人民共和国境内的民用运输机场进行的民用航空安全检查工作。

第三条　民用航空安全检查机构（以下简称"民航安检机构"）按照有关法律、行政法规和本规则，通过实施民用航空安全检查工作（以下简称"民航安检工作"），防止未经允许的危及民用航空安全的危险品、违禁品进入民用运输机场控制区。

第四条　进入民用运输机场控制区的旅客及其行李物品，航空货物、航空邮件应当接受安全检查。拒绝接受安全检查的，不得进入民用运输机场控制区。国务院规定免检的除外。

旅客、航空货物托运人、航空货运销售代理人、航空邮件托运人应当配合民航安检机构开展工作。

第五条　中国民用航空局、中国民用航空地区管理局（以下统称"民航行政机关"）对民航安检工作进行指导、检查和监督。

第六条　民航安检工作坚持安全第一、严格检查、规范执勤的原则。

第七条　承运人按照相关规定交纳安检费用，费用标准按照有关规定执行。

第二章　民航安检机构

第八条　民用运输机场管理机构应当设立专门的民航安检机构从事民航安检

工作。

公共航空运输企业从事航空货物、邮件和进入相关航空货运区人员、车辆、物品的安全检查工作的,应当设立专门的民航安检机构。

第九条 设立民航安检机构的民用运输机场管理机构、公共航空运输企业(以下简称"民航安检机构设立单位")对民航安检工作承担安全主体责任,提供符合中国民用航空局(以下简称"民航局")规定的人员、经费、场地及设施设备等保障,提供符合国家标准或者行业标准要求的劳动防护用品,保护民航安检从业人员劳动安全,确保民航安检机构的正常运行。

第十条 民航安检机构的运行条件应当包括:

(一)符合民用航空安全保卫设施行业标准要求的工作场地、设施设备和民航安检信息管理系统;

(二)符合民用航空安全检查设备管理要求的民航安检设备;

(三)符合民用航空安全检查员定员定额等标准要求的民航安全检查员;

(四)符合本规则和《民用航空安全检查工作手册》要求的民航安检工作运行管理文件;

(五)符合民航局规定的其他条件。

第十一条 民航行政机关审核民用机场使用许可、公共航空运输企业运行合格审定申请时,应当对其设立的民航安检机构的运行条件进行审查。

第十二条 民航安检机构应当根据民航局规定,制定并实施民航安检工作质量控制和培训管理制度,并建立相应的记录。

第十三条 民航安检机构应当根据工作实际,适时调整本机构的民航安检工作运行管理文件,以确保持续有效。

第三章 民航安全检查员

第十四条 民航安检机构应当使用符合以下条件的民航安全检查员从事民航安检工作:

(一)具备相应岗位民航安全检查员国家职业资格要求的理论和技能水平;

(二)通过民用航空背景调查;

(三)完成民航局民航安检培训管理规定要求的培训。

对不适合继续从事民航安检工作的人员,民航安检机构应当及时将其调离民航安检工作岗位。

第十五条 民航安检现场值班领导岗位管理人员应当具备民航安全检查员国家职

业资格三级以上要求的理论和技能水平。

第十六条 民航安全检查员执勤时应当着民航安检制式服装，佩戴民航安检专门标志。民航安检制式服装和专门标志式样和使用由民航局统一规定。

第十七条 民航安全检查员应当依据本规则和本机构民航安检工作运行管理文件的要求开展工作，执勤时不得从事与民航安检工作无关的活动。

第十八条 X射线安检仪操作检查员连续操机工作时间不得超过30分钟，再次操作X射线安检仪间隔时间不得少于30分钟。

第十九条 民航安检机构设立单位应当根据国家和民航局、地方人民政府有关规定，为民航安全检查员提供相应的岗位补助、津贴和工种补助。

第二十条 民航安检机构设立单位或民航安检机构应当为安全检查员提供以下健康保护：

（一）每年不少于一次的体检并建立健康状况档案；

（二）除法定假期外，每年不少于两周的带薪休假；

（三）为怀孕期和哺乳期的女工合理安排工作。

第四章 民航安检设备

第二十一条 民航安检设备实行使用许可制度。用于民航安检工作的民航安检设备应当取得"民用航空安全检查设备使用许可证书"并在"民用航空安全检查设备使用许可证书"规定的范围内使用。

第二十二条 民航安检机构设立单位应当按照民航局规定，建立并运行民航安检设备的使用验收、维护、定期检测、改造及报废等管理制度，确保未经使用验收检测合格、未经定期检测合格的民航安检设备不得用于民航安检工作。

第二十三条 民航安检机构设立单位应当按照民航局规定，上报民航安检设备使用验收检测、定期检测、报废等相关信息。

第二十四条 从事民航安检设备使用验收检测、定期检测的人员应当通过民航局规定的培训。

第五章 民航安检工作实施

第一节 一般性规定

第二十五条 民航安检机构应当按照本机构民航安检工作运行管理文件组织实施民航安检工作。

第二十六条 公共航空运输企业、民用运输机场管理机构应当在售票、值机环节和民航安检工作现场待检区域，采用多媒体、实物展示等多种方式，告知公众民航安检工作的有关要求、通告。

第二十七条 民航安检机构应当按照民航局要求，实施民航安全检查安全信用制度。对有民航安检违规记录的人员和单位进行安全检查时，采取从严检查措施。

第二十八条 民航安检机构设立单位应当在民航安检工作现场设置禁止拍照、摄像警示标识。

第二节 旅客及其行李物品的安全检查

第二十九条 旅客及其行李物品的安全检查包括证件检查、人身检查、随身行李物品检查、托运行李检查等。安全检查方式包括设备检查、手工检查及民航局规定的其他安全检查方式。

第三十条 旅客不得携带或者在行李中夹带民航禁止运输物品，不得违规携带或者在行李中夹带民航限制运输物品。民航禁止运输物品、限制运输物品的具体内容由民航局制定并发布。

第三十一条 乘坐国内航班的旅客应当出示有效乘机身份证件和有效乘机凭证。对旅客、有效乘机身份证件、有效乘机凭证信息一致的，民航安检机构应当加注验讫标识。

有效乘机身份证件的种类包括：中国大陆地区居民的居民身份证、临时居民身份证、护照、军官证、文职干部证、义务兵证、士官证、文职人员证、职工证、武警官证、武警士兵证、海员证，香港、澳门地区居民的港澳居民来往内地通行证，台湾地区居民的台湾居民来往大陆通行证；外籍旅客的护照、外交部签发的驻华外交人员证、外国人永久居留证；民航局规定的其他有效乘机身份证件。

十六周岁以下的中国大陆地区居民的有效乘机身份证件，还包括出生医学证明、户口簿、学生证或户口所在地公安机关出具的身份证明。

第三十二条 旅客应当依次通过人身安检设备接受人身检查。对通过人身安检设备检查报警的旅客，民航安全检查员应当对其采取重复通过人身安检设备或手工人身检查的方法进行复查，排除疑点后方可放行。对通过人身安检设备检查不报警的旅客可以随机抽查。

旅客在接受人身检查前，应当将随身携带的可能影响检查效果的物品，包括金属物品、电子设备、外套等取下。

第三十三条 手工人身检查一般由与旅客同性别的民航安全检查员实施；对女性

旅客的手工人身检查，应当由女性民航安全检查员实施。

第三十四条 残疾旅客应当接受与其他旅客同样标准的安全检查。接受安全检查前，残疾旅客应当向公共航空运输企业确认具备乘机条件。

残疾旅客的助残设备、服务犬等应当接受安全检查。服务犬接受安全检查前，残疾旅客应当为其佩戴防咬人、防吠叫装置。

第三十五条 对要求在非公开场所进行安全检查的旅客，如携带贵重物品、植入心脏起搏器的旅客和残疾旅客等，民航安检机构可以对其实施非公开检查。检查一般由两名以上与旅客同性别的民航安全检查员实施。

第三十六条 对有下列情形的，民航安检机构应当实施从严检查措施：

（一）经过人身检查复查后仍有疑点的；

（二）试图逃避安全检查的；

（三）旅客有其他可疑情形，正常检查无法排除疑点的。

从严检查措施应当由两名以上与旅客同性别的民航安全检查员在特别检查室实施。

第三十七条 旅客的随身行李物品应当经过民航行李安检设备检查。发现可疑物品时，民航安检机构应当实施开箱包检查等措施，排除疑点后方可放行。对没有疑点的随身行李物品可以实施开箱包抽查。实施开箱包检查时，旅客应当在场并确认箱包归属。

第三十八条 旅客的托运行李应当经过民航行李安检设备检查。发现可疑物品时，民航安检机构应当实施开箱包检查等措施，排除疑点后方可放行。对没有疑点的托运行李可以实施开箱包抽查。实施开箱包检查时旅客应当在场并确认箱包归属，但是公共航空运输企业与旅客有特殊约定的除外。

第三十九条 根据国家有关法律法规和民航危险品运输管理规定等相关要求，属于经公共航空运输企业批准方能作为随身行李物品或者托运行李运输的特殊物品，旅客凭公共航空运输企业同意承运证明，经安全检查确认安全后放行。

公共航空运输企业应当向旅客通告特殊物品目录及批准程序，并与民航安检机构明确特殊物品批准和信息传递程序。

第四十条 对液体、凝胶、气溶胶等液态物品的安全检查，按照民航局规定执行。

第四十一条 对禁止旅客随身携带但可以托运的物品，民航安检机构应当告知旅客可作为行李托运、自行处置或者暂存处理。

对于旅客提出需要暂存的物品，民用运输机场管理机构应当为其提供暂存服务。

暂存物品的存放期限不超过30天。

民用运输机场管理机构应当提供条件，保管或处理旅客在民航安检工作中暂存、自弃、遗留的物品。

第四十二条 对来自境外，且在境内民用运输机场过站或中转的旅客及其行李物品，民航安检机构应当实施安全检查。但与中国签订互认航空安保标准条款的除外。

第四十三条 对来自境内，且在境内民用运输机场过站或中转的旅客及其行李物品，民航安检机构不再实施安全检查。但旅客及其行李物品离开候机隔离区或与未经安全检查的人员、物品相混或者接触的除外。

第四十四条 经过安全检查的旅客进入候机隔离区以前，民航安检机构应当对候机隔离区实施清场，实施民用运输机场控制区24小时持续安保管制的机场除外。

第三节 航空货物、航空邮件的安全检查

第四十五条 航空货物应当依照民航局规定，经过安全检查或者采取其他安全措施。

第四十六条 对航空货物实施安全检查前，航空货物托运人、航空货运销售代理人应当提交航空货物安检申报清单和经公共航空运输企业或者其地面服务代理人审核的航空货运单等民航局规定的航空货物运输文件资料。

第四十七条 航空货物应当依照航空货物安检要求通过民航货物安检设备检查。检查无疑点的，民航安检机构应当加注验讫标识放行。

第四十八条 对通过民航货物安检设备检查有疑点、图像不清或者图像显示与申报不符的航空货物，民航安检机构应当采取开箱包检查等措施，排除疑点后加注验讫标识放行。无法排除疑点的，应当加注退运标识作退运处理。

开箱包检查时，托运人或者其代理人应当在场。

第四十九条 对单体超大、超重等无法通过航空货物安检设备检查的航空货物，装入航空器前应当采取隔离停放至少24小时安全措施，并实施爆炸物探测检查。

第五十条 对航空邮件实施安全检查前，邮政企业应当提交经公共航空运输企业或其地面服务代理人审核的邮包路单和详细邮件品名、数量清单等文件资料或者电子数据。

第五十一条 航空邮件应当依照航空邮件安检要求通过民航货物安检设备检查，检查无疑点的，民航安检机构应当加注验讫标识放行。

第五十二条 航空邮件通过民航货物安检设备检查有疑点、图像不清或者图像显示与申报不符的，民航安检机构应当会同邮政企业采取开箱包检查等措施，排除疑点

后加注验讫标识放行。无法开箱包检查或无法排除疑点的，应当加注退运标识退回邮政企业。

第四节 其他人员、物品及车辆的安全检查

第五十三条 进入民用运输机场控制区的其他人员、物品及车辆，应当接受安全检查。拒绝接受安全检查的，不得进入民用运输机场控制区。

对其他人员及物品的安全检查方法与程序应当与对旅客及行李物品检查方法和程序一致，有特殊规定的除外。

第五十四条 对进入民用运输机场控制区的工作人员，民航安检机构应当核查民用运输机场控制区通行证件，并对其人身及携带物品进行安全检查。

第五十五条 对进入民用运输机场控制区的车辆，民航安检机构应当核查民用运输机场控制区车辆通行证件，并对其车身、车底及车上所载物品进行安全检查。

第五十六条 对进入民用运输机场控制区的工具、物料或者器材，民航安检机构应当根据相关单位提交的工具、物料或者器材清单进行安全检查、核对和登记，带出时予以核销。工具、物料和器材含有民航禁止运输物品或限制运输物品的，民航安检机构应当要求其同时提供民用运输机场管理机构同意证明。

第五十七条 执行飞行任务的机组人员进入民用运输机场控制区的，民航安检机构应当核查其民航空勤通行证件和民航局规定的其他文件，并对其人身及物品进行安全检查。

第五十八条 对进入民用运输机场控制区的民用航空监察员，民航安检机构应当核查其民航行政机关颁发的通行证并对其人身及物品进行安全检查。

第五十九条 对进入民用运输机场控制区的航空配餐和机上供应品，民航安检机构应当核查车厢是否锁闭，签封是否完好，签封编号与运输台账记录是否一致。必要时可以进行随机抽查。

第六十条 民用运输机场管理机构应当对进入民用运输机场控制区的商品进行安全备案并进行监督检查，防止进入民用运输机场控制区内的商品含有危害民用航空安全的物品。

对进入民用运输机场控制区的商品，民航安检机构应当核对商品清单和民用运输机场商品安全备案目录一致，并对其进行安全检查。

第六章 民航安检工作特殊情况处置

第六十一条 民航安检机构应当依照本机构突发事件处置预案，定期实施演练。

第六十二条 已经安全检查的人员、行李、物品与未经安全检查的人员、行李、物品不得相混或接触。如发生相混或接触，民用运输机场管理机构应当采取以下措施：

（一）对民用运输机场控制区相关区域进行清场和检查；

（二）对相关出港旅客及其随身行李物品再次安全检查；

（三）如旅客已进入航空器，应当对航空器客舱进行航空器安保检查。

第六十三条 有下列情形之一的，民航安检机构应当报告公安机关：

（一）使用伪造、变造的乘机身份证件或者乘机凭证的；

（二）冒用他人乘机身份证件或者乘机凭证的；

（三）随身携带或者托运属于国家法律法规规定的危险品、违禁品、管制物品的；

（四）随身携带或者托运本条第三项规定以外民航禁止运输、限制运输物品，经民航安检机构发现提示仍拒不改正，扰乱秩序的；

（五）在行李物品中隐匿携带本条第三项规定以外民航禁止运输、限制运输物品，扰乱秩序的；

（六）伪造、变造、冒用危险品航空运输条件鉴定报告或者使用伪造、变造的危险品航空运输条件鉴定报告的；

（七）伪报品名运输或者在航空货物中夹带危险品、违禁品、管制物品的；

（八）在航空邮件中隐匿、夹带运输危险品、违禁品、管制物品的；

（九）故意散播虚假非法干扰信息的；

（十）对民航安检工作现场及民航安检工作进行拍照、摄像，经民航安检机构警示拒不改正的；

（十一）逃避安全检查或者殴打辱骂民航安全检查员或者其他妨碍民航安检工作正常开展，扰乱民航安检工作现场秩序的；

（十二）清场、航空器安保检查、航空器安保搜查中发现可疑人员或者物品的；

（十三）发现民用机场公安机关布控的犯罪嫌疑人的；

（十四）其他危害民用航空安全或者违反治安管理行为的。

第六十四条 有下列情形之一的，民航安检机构应当采取紧急处置措施，并立即报告公安机关：

（一）发现爆炸物品、爆炸装置或者其他重大危险源的；

（二）冲闯、堵塞民航安检通道或者民用运输机场控制区安检道口的；

（三）在民航安检工作现场向民用运输机场控制区内传递物品的；

（四）破坏、损毁、占用民航安检设备设施、场地的；

（五）其他威胁民用航空安全，需要采取紧急处置措施行为的。

第六十五条 有下列情形之一的，民航安检机构应当报告有关部门处理：

（一）发现涉嫌走私人员或者物品的；

（二）发现违规运输航空货物的；

（三）发现不属于公安机关管理的危险品、违禁品、管制物品的。

第六十六条 威胁增加时，民航安检机构应当按照威胁等级管理办法的有关规定调整安全检查措施。

第六十七条 民航安检机构应当根据本机构实际情况，与相关单位建立健全应急信息传递及报告工作程序，并建立记录。

第七章　监督检查

第六十八条 民航行政机关及民用航空监察员依法对民航安检工作实施监督检查，行使以下职权：

（一）审查并持续监督民航安检机构的运行条件符合民航局有关规定；

（二）制定民航安检工作年度监督检查计划，并依据监督检查计划开展监督检查工作；

（三）进入民航安检机构及其设立单位进行检查，调阅有关资料，向有关单位和人员了解情况；

（四）对检查中发现的问题，当场予以纠正或者规定限期改正；对依法应当给予行政处罚的行为，依法作出行政处罚决定；

（五）对检查中发现的安全隐患，规定有关单位及时处理，对重大安全隐患实施挂牌督办；

（六）对有根据认为不符合国家标准或者行业标准的设施、设备予以查封或者扣押，并依法作出处理决定；

（七）依法对民航安检机构及其设立单位的主要负责人、直接责任人进行行政约见或者警示性谈话。

第六十九条 民航安检机构及其设立单位应当积极配合民航行政机关依法履行监督检查职责，不得拒绝、阻挠。对民航行政机关依法作出的监督检查书面记录，被检查单位负责人应当签字，拒绝签字的，民用航空监察员应当将情况记录在案，并向民航行政机关报告。

第七十条 民航行政机关应当建立民航安检工作违法违规行为信息库，如实记录民航安检机构及其设立单位的违法行为信息。对违法行为情节严重的单位，应当纳入行业安全评价体系,并通报其上级政府主管部门。

第七十一条 民航行政机关应当建立民航安检工作奖励制度,对保障空防安全、地面安全以及在突发事件处置、应急救援等方面有突出贡献的集体和个人,按贡献给予不同级别的奖励。

第七十二条 民航行政机关应当建立举报制度,公开举报电话、信箱或者电子邮件地址,受理并负责调查民航安检工作违法违规行为的举报。

任何单位和个人发现民航安检机构运行存在安全隐患或者未按照规定实施民航安检工作的,有权向民航行政机关报告或者举报。

民航行政机关应当依照国家有关奖励办法,对报告重大安全隐患或者举报民航安检工作违法违规行为的有功人员,给予奖励。

第八章 法律责任

第七十三条 违反本规则第十条规定,民用运输机场管理机构设立的民航安检机构运行条件不符合本规则要求的,由民航行政机关责令民用运输机场限期改正;逾期不改正的或者经改正仍不符合要求的,由民航行政机关依据《民用机场管理条例》第六十八条对民用运输机场作出限制使用的决定,情节严重的,吊销民用运输机场使用许可证。

第七十四条 民航安检机构设立单位的决策机构、主要负责人不能保证民航安检机构正常运行所必需资金投入,致使民航安检机构不具备运行条件的,由民航行政机关依据《中华人民共和国安全生产法》第九十条责令限期改正,提供必需的资金;逾期未改正的,责令停产停业整顿。

第七十五条 有下列情形之一的,由民航行政机关依据《中华人民共和国安全生产法》第九十四条责令民航安检机构设立单位改正,可以处五万元以下的罚款;逾期未改正的,责令停产停业整顿,并处五万元以上十万元以下的罚款,对其直接负责的主管人员和其他直接责任人员处一万元以上二万元以下的罚款:

(一)违反第十二条规定,未按要求开展培训工作或者未如实记录民航安检培训情况的;

(二)违反第十四、十五条规定,民航安全检查员未按要求经过培训并具备岗位要求的理论和技能水平,上岗执勤的;

(三)违反第二十四条规定,人员未按要求经过培训,从事民航安检设备使用验收检测、定期检测工作的;

(四)违反第六十一条规定,未按要求制定突发事件处置预案或者未定期实施演练的。

第七十六条 有下列情形之一的,由民航行政机关依据《中华人民共和国安全生产法》第九十六条责令民航安检机构设立单位限期改正,可以处五万元以下的罚款;逾期未改正的,处五万元以上二十万元以下的罚款,对其直接负责的主管人员和其他直接责任人员处一万元以上二万元以下的罚款;情节严重的,责令停产停业整顿:

(一)违反第二十一、二十二条规定,民航安检设备的安装、使用、检测、改造不符合国家标准或者行业标准的;

(二)违反本规则第二十二条规定,使用定期检测不合格的民航安检设备的;

(三)违反第二十二条规定,未按要求对民航安检设备进行使用验收、维护、定期检测的。

第七十七条 违反本规则有关规定,民航安检机构或者民航安检机构设立单位未采取措施消除安全隐患的,由民航行政机关依据《中华人民共和国安全生产法》第九十九条责令民航安检机构设立单位立即消除或者限期消除;民航安检机构设立单位拒不执行的,责令停产停业整顿,并处十万元以上五十万元以下的罚款,对其直接负责的主管人员和其他直接责任人员处二万元以上五万元以下的罚款。

第七十八条 违反本规则第六十九条规定,民航安检机构或者民航安检机构设立单位拒绝、阻碍民航行政机关依法开展监督检查的,由民航行政机关依据《中华人民共和国安全生产法》第一百零五条责令改正;拒不改正的,处二万元以上二十万元以下的罚款;对其直接负责的主管人员和其他直接责任人员处一万元以上二万元以下的罚款。

第七十九条 有下列情形之一的,由民航行政机关责令民航安检机构设立单位限期改正,处一万元以下的罚款;逾期未改正的,处一万元以上三万元以下的罚款:

(一)违反第八条规定,未设置专门的民航安检机构的;

(二)违反第十二条规定,未依法制定或者实施民航安检工作质量控制管理制度或者未如实记录质量控制工作情况的;

(三)违反第十三条规定,未根据实际适时调整民航安检工作运行管理手册的;

(四)违反第十四条第二款规定,未及时调离不适合继续从事民航安检工作人员的;

(五)违反第十八条规定,X射线安检仪操作检查员工作时间制度不符合要求的;

(六)违反第十九、二十条规定,未依法提供劳动健康保护的;

(七)违反第二十三条规定,未按规定上报民航安检设备信息的;

(八)违反第二十五条规定,未按照民航安检工作运行管理手册组织实施民航安检工作的；

（九）违反第二十八条规定，未在民航安检工作现场设置禁止拍照、摄像警示标识的；

（十）违反第六十二、六十三、六十四、六十五、六十六条规定，未按要求采取民航安检工作特殊情况处置措施的；

（十一）违反第六十七条规定，未按要求建立或者运行应急信息传递及报告程序或者未按要求记录应急信息的。

第八十条　违反第二十六条规定，公共航空运输企业、民用运输机场管理机构未按要求宣传、告知民航安检工作规定的，由民航行政机关责令限期改正，处一万元以下的罚款；逾期未改正的，处一万元以上三万元以下的罚款。

第八十一条　违反第三十九条第二款规定，公共航空运输企业未按要求向旅客通告特殊物品目录及批准程序或者未按要求与民航安检机构建立特殊物品和信息传递程序的，由民航行政机关责令限期改正，处一万元以下的罚款；逾期未改正的，处一万元以上三万元以下的罚款。

第八十二条　有下列情形之一的，由民航行政机关责令民用运输机场管理机构限期改正，可以处一万元以上三万元以下的罚款；逾期未改正的，处一万元以上三万元以下的罚款：

（一）违反第四十一条第二款规定，民用运输机场管理机构未按要求为旅客提供暂存服务的；

（二）违反第四十一条第三款规定，民用运输机场管理机构未按要求提供条件，保管或者处理旅客暂存、自弃、遗留物品的；

（三）违反第六十条第一款规定，民用运输机场管理机构未按要求履行监督检查管理职责的。

第八十三条　有下列情形之一的，由民航安检机构予以纠正，民航安检机构不履行职责的，由民航行政机关责令改正，并处一万元以上三万元以下的罚款：

（一）违反第十六条规定，民航安全检查员执勤时着装或者佩戴标志不符合要求的；

（二）违反第十七条规定，民航安全检查员执勤时从事与民航安检工作无关活动的；

（三）违反第五章第二、三、四节规定，民航安全检查员不服从管理，违反规章制度或者操作规程的。

第八十四条　有下列情形之一的，由民航行政机关的上级部门或者监察机关责令改正，并根据情节对直接负责的主管人员和其他直接责任人员依法给予处分：

（一）违反第十一条规定，未按要求审核民航安检机构运行条件或者提供虚假审核意见的；

（二）违反第六十八条规定，未按要求有效履行监督检查职能的；

（三）违反第七十条规定，未按要求建立民航安检工作违法违规行为信息库的；

（四）违反第七十一条规定，未按要求建立或者运行民航安检工作奖励制度的；

（五）违反第七十二条规定，未按要求建立或者运行民航安检工作违法违规行为举报制度的。

第八十五条　民航安检机构设立单位及民航安全检查员违规开展民航安检工作，造成安全事故的，按照国家有关规定追究相关单位和责任人员的法律责任。

第八十六条　违反本规则有关规定，行为构成犯罪的，依法追究刑事责任。

第八十七条　违反本规则有关规定，行为涉及民事权利义务纠纷的，依照民事权利义务法律法规处理。

第九章　附则

第八十八条　本规则下列用语定义：

（一）"民用运输机场"，是指为从事旅客、货物运输等公共航空运输活动的民用航空器提供起飞、降落等服务的机场。包括民航运输机场和军民合用机场的民用部分。

（二）"民用航空安全检查工作"，是指对进入民用运输机场控制区的旅客及其行李物品，其他人员、车辆及物品和航空货物、航空邮件等进行安全检查的活动。

（三）"航空货物"，是指除航空邮件、凭"客票及行李票"运输的行李、航空危险品外，已由或者将由民用航空运输的物品，包括普通货物、特种货物、航空快件、凭航空货运单运输的行李等。

（四）"航空邮件"，是指邮政企业通过航空运输方式寄递的信件、包裹等。

（五）"民航安全检查员"，是指持有民航安全检查员国家职业资格证书并从事民航安检工作的人员。

（六）"民航安检现场值班领导岗位管理人员"，是指在民航安检工作现场，负责民航安检勤务实施管理和应急处置管理工作的岗位。民航安检工作现场包括旅客人身及随身行李物品安全检查工作现场、托运行李安全检查工作现场、航空货邮安全检查工作现场、其他人员安全检查工作现场及民用运输机场控制区道口安全检查工作现场等。

(七)"旅客",是指经公共航空运输企业同意在民用航空器上载运的除机组成员以外的任何人。

(八)"其他人员",是指除旅客以外的,因工作需要,经安全检查进入机场控制区或者民用航空器的人员,包括但不限于机组成员、工作人员、民用航空监察员等。

(九)"行李物品",是指旅客在旅行中为了穿着、使用、舒适或者方便的需要而携带的物品和其他个人财物。包括随身行李物品、托运行李。

(十)"随身行李物品",是指经公共航空运输企业同意,由旅客自行负责照管的行李和自行携带的零星小件物品。

(十一)"托运行李",是指旅客交由公共航空运输企业负责照管和运输并填开行李票的行李。

(十二)"液态物品",包括液体、凝胶、气溶胶等形态的液态物品。其包括但不限于水和其他饮料、汤品、糖浆、炖品、酱汁、酱膏;盖浇食品或汤类食品;油膏、乳液、化妆品和油类;香水;喷剂;发胶和沐浴胶等凝胶;剃须泡沫、其他泡沫和除臭剂等高压罐装物品(例如气溶胶);牙膏等膏状物品;凝固体合剂;睫毛膏;唇彩或唇膏;或室温下稠度类似的任何其他物品。

(十三)"重大危险源",是指具有严重破坏能力且必须立即采取防范措施的物质。

(十四)"航空器安保检查",是指对旅客可能已经进入的航空器内部的检查和对货舱的检查,目的在于发现可疑物品、武器、爆炸物或其他装置、物品和物质。

(十五)"航空器安保搜查",是指对航空器内部和外部进行彻底检查,目的在于发现可疑物品、武器、爆炸物或其他危险装置、物品和物质。

第八十九条 危险品航空运输按照民航局危险品航空运输有关规定执行。

第九十条 在民用运输机场运行的公务航空运输活动的安全检查,由民航局另行规定。

第九十一条 在民用运输机场控制区以外区域进行的安全检查活动,参照本规则有关规定执行。

第九十二条 本规则自2017年1月1日起施行。1999年6月1日起施行的《中国民用航空安全检查规则》(民航总局令第85号)同时废止。

附录五 《民用航空法》的相关知识

《中华人民共和国民用航空法》(简称《民用航空法》)于 1995 年 10 月 30 日由第八届全国人民代表大会常务委员会第十六次会议通过,1996 年 3 月 1 日生效。根据 2009 年 8 月 27 日第十一届全国人民代表大会常务委员会第十次会议《关于修改部分法律的决定》第一次修正。根据 2015 年 4 月 24 日第十二届全国人民代表大会常务委员会第十四次会议《关于修改〈中华人民共和国对外贸易法〉第十二部法律的决定》第三次修正。根据 2017 年 11 月 4 日第十二届全国人民代表大会常务委员会第三十次会议《关于修改〈中华人民共和国会计法〉第十一部法律的决定》第四次修正。根据 2018 年 12 月 29 日第十三届全国人民代表大会常务委员会第七次会议《关于修改〈中华人民共和国劳动法〉第七部法律的决定》第五次修正。《民用航空法》共有 16 章,215 条。

一、《民用航空法》关于安全技术检查的规定

关于公共航空运输企业的规定:

第一百条 公共航空运输企业不得运输法律、行政法规规定的禁运物品。

公共航空运输企业未经国务院民用航空主管部门批准,不得运输作战军火、作战物资。

禁止旅客随身携带法律、行政法规规定的禁运物品乘坐民用航空器。

第一百零一条 公共航空运输企业运输危险品,应当遵守国家有关规定。

禁止以非危险品品名托运危险品。

禁止旅客随身携带危险品乘坐民用航空器,除因执行公务并按照国家规定经过批准外。

禁止旅客携带枪支、管制刀具乘坐民用航空器。

禁止违反国务院民用航空主管部门的规定将危险品作为行李托运。

危险品品名由国务院民用航空主管部门规定并公布。

第一百零二条 公共航空运输企业不得运输拒绝接受安全检查的旅客,不得违反国家规定运输未经安全检查的行李。

公共航空运输企业必须按照国务院民用航空主管部门的规定,对承运的货物进行安全检查或者采取其他保证安全的措施。

第一百零三条 公共航空运输企业从事国际航空运输的民用航空器及其所载人员、行李、货物应当接受边防、海关、检疫等主管部门的检查;但是,检查时应当避免不必要的延误。

二、《民用航空法》

关于对隐匿携带枪支、弹药、管制刀具乘坐航空器的处罚规定:

第一百九十三条 违反本法规定,隐匿携带炸药、雷管或者其他危险品乘坐民用航空器,或者以非危险品品名托运危险品的,依照刑法有关规定追究刑事责任。

企业事业单位犯前款罪的,判处罚金,并对直接负责的主管人员和其他直接责任人员依照前款规定追究刑事责任。

隐匿携带枪支子弹、管制刀具乘坐民用航空器的,依照刑法有关规定追究刑事责任。

附《中华人民共和国刑法》中的相关内容:

第一百一十六条 破坏交通工具罪 破坏火车、汽车、电车、船只、航空器,足以使火车、汽车、电车、船只、航空器发生倾覆、毁坏危险,尚未造成严重后果的,处三年以上十年以下有期徒刑。

第一百一十七条 破坏交通设施罪 破坏轨道、桥梁、隧道、公路、机场、航道、灯塔、标志或者进行其他破坏活动,足以使火车、汽车、电车、船只、航空器发生倾覆、毁坏危险,尚未造成严重后果的,处三年以上十年以下有期徒刑。

第一百二十一条 劫持航空器罪 以暴力、胁迫或者其他方法劫持航空器的。处十年以上有期徒刑或者无期徒刑;致人重伤、死亡或者使航空器遭受严重破坏的,处死刑。

第一百二十三条 暴力危及飞行安全罪 对飞行中的航空器上的人员使用暴力,危及飞行安全,尚未造成严重后果的,处五年以下有期徒刑或者拘役;造成严重后果的,处五年以上有期徒刑。

第一百二十五条 非法制造、买卖、运输、邮寄、储存枪支、弹药、爆炸物罪 非法制造、买卖、运输、邮寄、储存枪支、弹药、爆炸物的,处三年以上十年以下有期徒刑;情节严重的,处十年以上有期徒刑、无期徒刑或者死刑。非法制作、买卖、运输、储存毒害性、放射性、传染病病原体等物质,危害公共安全的,依照前款的规定处罚。单位犯前两款罪的,对单位判处罚金,并对其直接负责的主管人员和其他直接责任人员,依照第一款的规定处罚。

第一百三十条 非法携带枪支、弹药、管制刀具、危险物品危及公共安全罪 非法携带枪支、弹药、管制刀具或者爆炸性、易燃性、放射性、毒害性、腐蚀性物品，进入公共场所或者公共交通工具，危及公共安全，情节严重的，处三年以下有期徒刑、拘役或者管制。

附录六　《民用航空安全保卫条例》的相关知识

《中华人民共和国民用航空安全保卫条例》（简称《民用航空安全保卫条例》）于1996年7月6日由国务院发布，共有6章，40条。根据2011年1月8日《国务院关于废止和修改部分行政法规的决定》而修订。

《民用航空安全保卫条例》的立法目的是为了防止对民用航空活动的非法干扰，维护民用航空秩序，保障民用航空安全。

一、《民用航空安全保卫条例》对乘机旅客行李的检查规定

第二十六条　乘坐民用航空器的旅客和其他人员及其携带的行李物品，必须接受安全检查；但是，国务院规定免检的除外。

拒绝接受安全检查的，不准登机，损失自行承担。

二、《民用航空安全保卫条例》对乘机旅客证件检查和实施人身检查的规定

第二十七条　安全检查人员应当查验旅客客票、身份证件和登机牌，使用仪器或者手工对旅客及其行李物品进行安全检查。必要时可以从严检查。已经安全检查的旅客应当在候机隔离区等待登机。

三、《民用航空安全保卫条例》关于严禁旅客携带违禁物品的规定

第三十二条　除国务院另有规定的外，乘坐民用航空器的，禁止随身携带或者交运下列物品：

（一）枪支、弹药、军械、警械；

（二）管制刀具；

（三）易燃、易爆、有毒、腐蚀性、放射性物品；

（四）国家规定的其他禁运物品。

四、《民用航空安全保卫条例》进入候机隔离区工作人员安全检查的规定

第二十八条 进入候机隔离区的工作人员（包括机组人员）及其携带的物品，应当接受安全检查。

接送旅客的人员和其他人员不得进入候机隔离区。

五、《民用航空安全保卫条例》关于货物检查的规定

第三十条 空运的货物必须经过安全检查或者对其采取的其他安全措施。

货物托运人不得伪报品名托运或者在货物中夹带危险物品。

六、《民用航空安全保卫条例》关于邮件检查的规定

第二十九条 外交邮袋免予安全检查。外交信使及其随身携带的其他物品应当接受安全检查；但是，中华人民共和国缔结或者参加的国际条约另有规定的除外。

第三十一条 航空邮件必须经过安全检查。发现可疑邮件时，安全检查部门应当会同邮政部门开包查验处理。

七、违反《民用航空安全保卫条例》的处罚机关

违反《民用航空安全保卫条例》的处罚机关是民航公安机关。

八、《民用航空安全保卫条例》关于在航空器活动区和维修区内人员、车辆的规定

第十四条 在航空器活动区和维修区内的人员、车辆必须按照规定路线行进，车辆、设备必须在指定位置停放，一切人员、车辆必须避让航空器。

九、《民用航空安全保卫条例》关于机场控制区的划分

第十一条 机场控制区应当根据安全保卫的需要，划定为候机隔离区、行李分检装卸区、航空器活动区和维修区、货物存放区等，并分别设置安全防护设施和明显标志。

附录七 民用航空危险品运输法律、法规的基本知识

《中国民用航空危险品运输管理规定》（CCAR－276－R1）经 2012 年 12 月 24 日中国民用航空局局务会议通过，2013 年 9 月 22 日中国民用航空局令第 216 号公布。该《规定》分总则、危险品航空运输的限制和豁免、危险品航空运输许可程序、危险品航空运输手册、危险品航空运输的准备、托运人的责任、经营人及其代理人的责任、危险品航空运输信息、培训、其他要求、监督管理、法律责任、附则 13 章 145 条，自 2014 年 3 月 1 日起施行。2004 年 7 月 12 日中国民用航空局发布的《中国民用航空危险品运输管理规定》予以废止。

一、国际法规

1. 《关于危险货物运输的建议书》。里面包含联合国危险货物运输专家分委会（TDG）制定的除放射性物质以外的所有航空危险品运输的建议程序。

2. 《放射性物质安全运输条例》。该条例是由国际原子能机构（IAEA）制定的安全运输放射性物质的建议程序。

3. 《国际民用航空公约》附件 18 和《危险品航空安全运输技术细则》（DOC＃9284 号文件）。附件 18 是国际民航组织（ICAO）以联合国危险运输品运输专家委员会的建议以及国际原子能机构安全运输放射性物质的规定为基础制定的。《危险品安全航空运输技术细则》每两年更新一次。

4. 《危险品规则》。《危险品规则》是国际航空运输协会（IATA）制定的，基于运营和行业标准实践方面的考虑，该规则增加了比 ICAO《技术细则》更具约束力的规定和要求。《危险品规则》英文全称为 Dangerous Good Regulation，简称 DGR。这是行业普遍使用的手册，每年更新一次。

5. 《与危险品有关的航空器事故征候应急响应指南》。国际民航组织制定，为机组人员提供了危险品处理信息的应急指导程序。

二、《中国民用航空危险品运输管理规定》(CCAR-276-R1) 的基本原则

1. 经营人从事危险品航空运输必须取得民航局颁发的危险品航空运输许可。

2. 从事危险品航空运输活动的相关单位应编写《危险品航空运输手册》和《危险品培训大纲》，建立危险品操作程序（包括隐含危险品的识别程序），对员工进行培训。

3. 托运人有对货物进行正确申报和包装的责任。

4. 运营人有对货物进行检查的责任。

附录八　禁止旅客随身携带或者托运的物品

民航物品安全检查是安检中最重要的环节之一，它关系到飞机和乘客的安全。国务院民用航空主管部门针对物品检查出台了一系列的措施和规定，任何乘坐民航班机的乘客都必须遵守。

《中国民用航空安全检查规则》附件一《禁止旅客随身携带或者托运的物品》，将禁止旅客随身携带或托运的物品分为九大类。

1. 枪支、军用或警用械具类（含主要零部件）：

（1）军用枪、公务用枪，即手枪、步枪、冲锋枪、机枪、防暴枪等。

（2）民用枪，即气枪、猎枪、运动枪、麻醉注射枪、发令枪等。

（3）其他枪支，即样品枪、道具枪等。

（4）军械、警械，即警棍、军用或警用匕首、刺刀等。

（5）国家禁止的枪支、械具，即钢珠枪、催泪枪、电击枪、电击器、防卫器等。

（6）上述物品的仿制品。

2. 爆炸物品类：

（1）弹药，包括炸弹、手榴弹、照明弹、燃烧弹、烟幕弹、信号弹、催泪弹、毒气弹和子弹（空包弹、战斗弹、检验弹、教练弹）等。

（2）爆破器材，包括炸药、雷管、导火索、导爆索、非电导爆系统、爆破剂等。

（3）烟火制品，包括礼花弹、烟花、爆竹等。

（4）上述物品的仿制品。

3. 管制刀具：

指1983年经国务院批准由公安部颁布实施的《对部分刀具实行管制的暂行规定》中所列出的刀具，包括匕首、三棱刀（包括机械加工用的三棱刮刀）、带有自锁装置的刀具和形似匕首但长度超过匕首的单刃刀、双刃刀以及其他类似的单刃、双刃、三棱尖刀等。少数民族由于生活习惯需要佩带和使用的藏刀、腰刀、靴刀等属于管制刀具，只准在民族自治地方销售、使用。

4. 易燃易爆物品：氢气、氧气、丁烷等瓶装压缩气体和液化气体；黄磷、白磷、硝化纤维（含胶片）、油纸及其制品等自燃物品；金属钾、钠、锂，以及碳化钙（电石）、镁铝粉等遇水燃烧物品；汽油、煤油、柴油、苯、乙醇（酒精）、油漆、稀料（溶剂）、松香油等易燃液体；闪光粉、固体酒精、赛璐珞等易燃固体；过氧化钠、过氧化钾、过氧化铅、过醋酸等各种无机或有机氧化剂。

5. 毒害品：各种氰化物、砷化物、剧毒农药等剧毒物品。

6. 腐蚀性物品：硫酸、盐酸、硝酸、有液蓄电池、氢氧化钠、氢氧化钾等。

7. 放射性物品：放射性同位素等各种具有放射性的物品。

8. 其他危害飞行安全的物品：例如，可能干扰飞机上各种仪表正常工作的强磁化物、有强烈刺激性气味的物品等。

9. 国家法律法规规定的其他禁止携带、运输的物品。

相关小知识：

一、仿真枪的认定

仿真枪的认定工作由县级或者县级以上公安机关负责，对能够发射弹丸需要进行鉴定的，由县级以上公安机关刑事技术部门负责按照《枪支致伤力的法庭科学鉴定判据》，参照《公安机关涉案枪支弹药性能鉴定工作规定》（公通字［2010］67号），从其所发射弹丸的能量进行鉴定是否属于枪支。当事人或办案机关对仿真枪的认定提出异议的，由上一级公安机关重新认定。

（一）仿真枪的认定标准

凡符合以下条件之一的，可以认定为仿真枪。

1. 符合《中华人民共和国枪支管理法》规定的枪支构成要件，所发射金属弹丸或其他物质的枪口比动能小于 $1.8\ J/cm^2$（不含本数）、大于 $0.16\ J/cm^2$（不含本数）的；

2. 具备枪支外形特征，并且具有与制式枪支材质和功能相似的枪管、枪机、机匣或者击发等组成零件之一的；

3. 外形、颜色与制式枪支相同或者近似，并且外形长度尺寸介于相应制式枪支全枪长度尺寸的二分之一与一倍之间的。

（二）枪口比动能的计算

按照《枪支致伤力的法庭科学鉴定判据》规定的计算方法执行。

（三）术语解释

1. 制式枪支：国内制造的制式枪支是指已完成定型试验，并且经军队或国家有关主管部门批准投入装备、使用（含外贸出口）的各类枪支。国外制造的制式枪支是指制造商已完成定型试验，并且装备、使用或投入市场销售的各类枪支。

2. 全枪长：是指从枪管口部至枪托或枪机框（适用于无枪托的枪支）底部的长度。

二、管制刀具的认定

（一）管制刀具的认定标准

凡符合下列标准之一的，可以认定为管制刀具。

1. 匕首：带有刀柄、刀格和血槽，刀尖角度小于60°的单刃、双刃或多刃尖刀（如图一）。

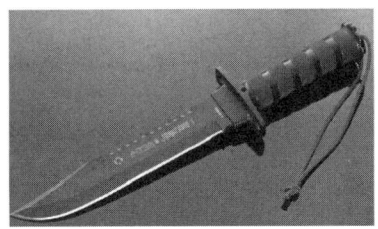

◎ 图一

2. 三棱刮刀：具有三个刀刃的机械加工用刀具（如图二）。

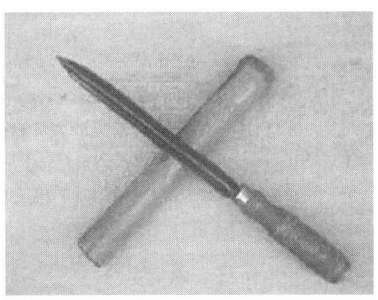

◎ 图二

3. 带有自锁装置的弹簧刀（跳刀）：刀身展开或弹出后，可被刀柄内的弹簧或卡锁固定自锁的折叠刀具（如图三）。

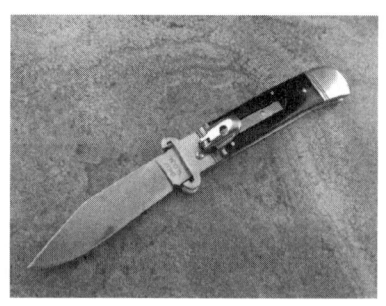

◎ 图三

4. 其他相类似的单刃、双刃、三棱尖刀：刀尖角度小于60°，刀身长度超过150mm的各类单刃、双刃和多刃刀具（如图四）。

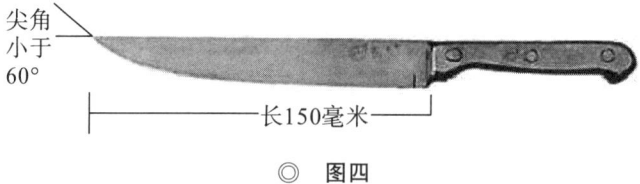

◎ 图四

5. 其他刀尖角度大于60°，刀身长度超过220mm的各类单刃、双刃和多刃刀具（如图五）。

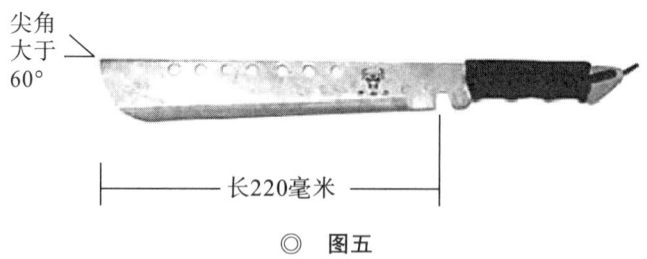

◎ 图五

（二）未开刀刃且刀尖倒角半径大于2.5mm的各类武术、工艺、礼品等刀具不属于管制刀具范畴。

（三）少数民族使用的藏刀、腰刀、靴刀、马刀等刀具的管制范围认定标准，由少数民族自治区（自治州、自治县）人民政府公安机关参照本标准制定。

（四）述语说明。

1. 刀柄：是指刀上被用来握持的部分（如图六）。

2. 刀格（挡手）：是指刀上用来隔离刀柄与刀身的部分（如图六）。

3. 刀身：是指刀上用来完成切、削、刺等功能的部分（如图六）。

4. 血槽：是指刀身上的专用刻槽（如图六）。

5. 刀尖角度：是指刀刃与刀背（或另一侧刀刃）上距离刀尖顶点10 mm的点与刀尖顶点形成的角度（如图六）。

6. 刀刃（刃口）：是指刀身上用来切、削、砍的一边，一般情况下刃口厚度小于0.5mm（如图六）。

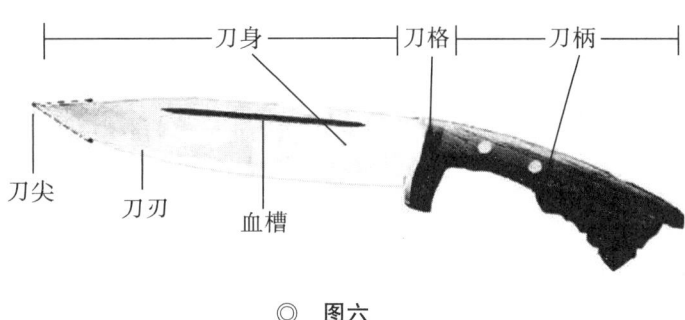

◎ 图六

7. 刀尖倒角：是指刀尖部所具有的圆弧度（如图七）。

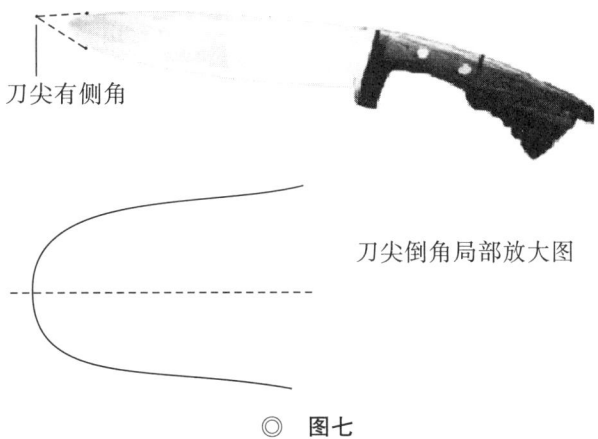

◎ 图七

附录九 禁止旅客随身携带但可作为行李托运的物品及乘客随身携带液态物品和打火机的规定

（一）禁止旅客随身携带但可以托运的物品

《中国民用航空安全检查规则》附件二《禁止旅客随身携带但可作为行李托运的物品》规定如下：

禁止旅客随身携带但可作为行李托运的物品是指除附件一规定的物品外，其他可以用于危害航空安全的菜刀、大剪刀、大水果刀、剃刀等生活用刀，手术刀、屠宰刀、雕刻刀等专业刀具，文艺单位表演用的刀、矛、剑、戟等，斧、凿、锤、锥，以及加重或有尖头的手杖、铁头登山杖和其他可用来危害航空安全的锐器及钝器。

（二）乘机旅客随身携带液态物品及打火机的规定

2007年3月17日中国民用航空总局发布的《关于限制携带液态物品乘坐民航飞机的公告》，对旅客随身携带液态物品作如下规定：

为确保航空安全，参照国际民航组织的标准，决定限制携带液态物品乘坐民航飞机。

1. 乘坐中国国内航班的旅客，每人每次可随身携带总量不超过1升（L）的液态物品（不含酒类），超出部分必须交运。液态物品须开瓶检查确认无疑后，方可携带。

2. 乘坐中国境内机场始发的国际、地区航班的旅客，其随身携带的液态物品每件容积不得超过100毫升。盛放液态物品的容器，应置于最大容积不超过1升（L）的、可重新封口的透明塑料袋中。每名旅客每次允许携带一个透明塑料袋，超出部分应交运。盛装液态物品的透明塑料袋应单独接受安全检查。

需在国外、境外机场转机的由中国境内机场始发的国际、地区航班旅客，在候机楼免税店或机上购买的液态物品，应保留购物凭证以备查验。所购物品应盛放在封口的透明塑料袋中，且不得自行拆封。国外、境外机场对携带免税液态物品有特殊规定

附录九 禁止旅客随身携带但可作为行李托运的物品及乘客随身携带液态物品和打火机的规定

的，从其规定。

来自境外需在中国境内机场转乘国际、地区航班的旅客，携带液态物品，适用本条规定。其携带入境的免税液态物品应盛放在袋内完好无损、封口的透明塑料袋中，并须出示购物凭证。

3. 在中国境内乘坐民航班机，酒类物品不得随身携带，但可作为托运行李交运。酒类物品的包装应符合民航运输有关规定。

4. 有婴儿随行的旅客携带液态乳制品，糖尿病或其他疾病患者携带必需的液态药品，经安全检查确认无疑后，可适量携带。

5. 旅客因违反上述规定造成误机等后果的，责任自负。

本公告自 2007 年 5 月 1 日起施行，2003 年 2 月 5 日发布的《中国民用航空总局关于对旅客随身携带液态物品乘坐民航飞机加强管理的公告》同时废止。

根据中国民用航空总局 2008 年 3 月 14 日《关于禁止旅客随身携带液态物品乘坐国内航班的公告》，对旅客随身携带液态物品作如下规定：

为维护旅客生命财产安全，中国民用航空总局决定调整旅客随身携带液态物品乘坐国内航班的相关措施，现公告如下：

1. 乘坐国内航班的旅客一律禁止随身携带液态物品，但可办理交运，其包装应符合民航运输有关规定。

2. 旅客携带少量旅行自用的化妆品，每种化妆品限带一件，其容器容积不得超过 100ml，并应置于独立袋内，接受开瓶检查。

3. 来自境外需在中国境内机场转乘国内航班的旅客，其携带入境的免税液态物品应置于袋体完好无损且封口的透明塑料袋内，并需出示购物凭证，经安全检查确认无疑后方可携带。

4. 有婴儿随行的旅客，购票时可向航空公司申请，由航空公司在机上免费提供液态乳制品；糖尿病患者或者其他患者携带必需的液态药品，经安全检查确认无疑后，交由机组保管。

5. 乘坐国际、地区航班的旅客，其携带的液态物品仍执行中国民用航空总局 2007 年 3 月 17 日发布的《关于限制携带液态物品乘坐民航飞机的公告》中有关规定。

6. 旅客违反上述规定造成误机等后果的，责任自负。

本公告自公布之日起施行。

根据 2008 年 4 月 7 日中国民用航空总局发布《关于禁止旅客随身携带打火机火柴乘坐民航飞机的公告》【2008】3 号，对旅客随身携带打火机、火柴作如下规定：

根据航空安全需要，决定从即日起，禁止旅客随身携带打火机、火柴乘坐民航飞

机。提醒广大旅客自行处理好相关物品，由此发生的延误和误机，后果自负。

思考题：

1. 哪些物品乘机时可以限量携带？

2. 下列物品哪些可以放入托运行李中交运？

玩具枪、烟花、藏刀、剪刀、闪光粉、锤子、空气清洗剂、液态牛奶、菜刀、农药、香水、打火机。

3. 乘机旅客随身携带液态物品的规定是什么？